ワクワクを生み出す！
あたらしい教室のはじめかた

金大竜

Kim Dae Ryong

学陽書房

まえがき

　教員になり 16 年目を終えました。こうして本を書かせていただいたり、いろいろなところで講演をさせていただいたりする中で多くの若手とご縁がありました。また、自分が勤務する学校でも多くの若手と働いてきました。

　春休み、若手の中にはワクワクしながら学級びらきの準備をしている人がいます。そうした姿を見ると、僕もやる気をもらい、今年はどんな出会いがあるかな、子ども達からどんな学びを得られるのかなと期待に胸を膨らませます。

　しかし、その一方で新しい出会いに不安になっている人もいます。そのような人からはゆっくりと話を聞き、「まだ起きていない未来に悩むよりも、今、できることを一生懸命するといいよ。」という話をしてきました。

　不安は誰にでもあるものです。ただ、不安で頭がいっぱいになると、なかなかよい準備にはなりません。それどころか、悩むことにエネルギーが奪われて、準備をしっかりとできなくなってしまいます。

　では、どんな準備をすればいいのか。どんな気持ちで新学期の子ども達との出会いを迎えればいいのか。それに対する僕なりの答えをこの本には込めました。

　本書は、新任の方や若い方のために「あたらしい教室のはじめかた」をまとめたものです。

　今年度出会う子ども達とあなたが素晴らしい時間を過ごすためにはどうすればいいのかを考えながら書いたので、ワクワクしながら読んでもらえればと思います。

　そのために、一つ常に心に留めておいて欲しいことがあります。それは、あなたが教師になろうと思った時の理由です。あなたは、教員

になったのはなぜでしょうか。少なくとも学級崩壊を起こさないためではないはずです。それなのに、学級崩壊をさせないための準備ばかりしていないでしょうか。

　世の中では、学力向上が声高に叫ばれていますが、僕は子どもの学力を上げたくて教師になったのではありません。子ども達と幸せな時間を過ごすために教師になったのです。「子ども達と幸せな時間を過ごしていたら、その結果、学力が向上していた」、こうなればいいなと考えています。

　学力向上をないがしろにしているわけではありません。高めた方がいいに決まっています。しかし、これが目的ではありません。子どもと幸せな時間を過ごすための一つの手段にすぎません。

　あなたが教師になろうと思ったのはなぜでしょうか。その理由を思い出し、教室に入っていくだけでも教室の中で見えるものは変わってきます。人は意識しているものを見ようとするからです。

　どんな方法で教室をつくっていくのか考えることは大切です。でも、どのような考えをもって教室をつくっていくのかと自分をブラッシュアップするのはもっと大切です。では、どんな考えか？　それはなかなか誰も教えてくれません。大学でも教えてくれません。

　人は自分の描く未来を引き寄せていきます。描く未来によって目に見えるものが変わっていきます。同じ景色でも、読み取れるものが変わっていきます。

　どんな心で、どんな思考で子ども達と出会っていくのか。何を準備すればいいのかだけではなく、どんなことを考えて出会うといいのかについても僕なりの考えを書きました。

　この本があなたとあなたの目の前の子ども達にとって、幸せな時間をつくり上げていく一助になることを願っています。

　ぜひ、ワクワクしながらお読みください。

2018 年 1 月

金　大　竜

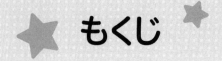

もくじ

第 1 章

あたらしい教室のために春休みに絶対しておきたいチェック！

第 2 章

あたらしい教室の1年間が見違える！最初の1週間にやるべきこと

第 3 章

春から夏までに絶対にやっておきたい学級あそび！

第 4 章

1年間がこれで決まる！
学級みんなでつくるシステム

第 5 章

クラスが絶対まとまる！
子どもに寄り添う学級づくりのルール12

第 1 章

あたらしい教室のために春休みに絶対しておきたいチェック！

ワクワクを生み出す教室をつくるため、

絶対に欠かせない準備や計画があります！

本章ではその部分をお伝えしましょう。

1 若い教員のみなさんに 伝えたいこと

思っている以上に春休みは忙しい？

　新任時代は、本書に書いたことが一つもできないくらい右も左もわかりません。一つひとつの会議の名前も、その会議で話し合われる内容もわかりません。学年でこの1年で使用する教材を決めたり、校務分掌が決まったりと、訳もわからないままいろいろなことが過ぎていきます。

　だから、大学で学んだことは一旦横に置き、学年主任の話すことに耳を傾け、同じように行動していくことを基本にすればいいのです。右も左もわからないのも1年目だけです。その状況を楽しむくらいの気持ちを持てるといいですね。

　春休みだけではなく、子どもと出会う1日目の始業式も思った以上にできないものです。僕なんて、手紙を配ることに苦労して、結局準備していたことのほとんどができませんでしたから。誰だって最初はそんなものなのです。

　うまくいかなくてあたり前、うまくいくことの方が奇跡なのです。この基準がうまくいって普通。うまくいかないことは私の才能がないからだと考えると大変ですよ。一つひとつのうまくいかないことに、次への成長のヒントが発見できるものです。これは、大人も子どもも同じですね。

　もしかしたら、春休みはあなたのイメージしていた世界とは違うも

のが見えるかもしれません。それもあなたの夢がかなったからこそ見える世界なんだと考えて、楽しんでみてくださいね。

3年目までは……

　教職3年目までは、どんな風に過ごそうと教師としてスキルアップしていきます。指導書を見て授業しようが、指導案作りでインターネットを検索しようが……。

　しかし、4年目以降もそのままだと力はつきません。自分で授業を考えられないようになっていきます。

　目の前の子ども達をよく見て、この授業ではどんな力をつけたいのかを考えていくことが必要です。そうした習慣は新任時代から少しずつ意識していけるといいですね。

まずは目の前の子ども達をよく見よう！

ひとくちメモ

うまくいかなくてあたり前、うまくいったら奇跡。
そう思えたら、子ども達ができないのがあたり前、できたら
奇跡と感じられるようになりますね。

春休みチェック表

春休みにできること

　ここに書いたチェック表を全てやる必要があるわけではありません。新任の方は主任の先生の話をよく聞いて進めてくださいね。少なくとも独断で進めないことが大切です。また、事務関係のことは地域によって異なりますので、わからないことはすぐに尋ねましょう。

　自分の個性やオリジナリティーを発揮することはもちろん大事ですが、学校全体として調和していくことも考えなければなりません。よいと思って実践したことも、結果的に学校全体としてマイナスになることもあります。それでは本末転倒です。一つのやり方にこだわらなくても、その活動の目的、ねらいを明確にすればほかにもやり方はたくさんあります。

チェックリスト

全体に関わること

　□ 教職員の顔と名前を覚える

　□ 学年便りを作成する

　□ 時間割を作成、印刷をする

　□ 購入する教材を選ぶ

　□ 教科書の確認をする

- □ 校外活動の計画を立てる
- □ 校務分掌の仕事の確認と引き継ぎをする
- □ 校務分掌の年間計画を立てる
- □ 指導要録、保健調査票を確認する
- □ 予算を作成する
- □ 学年で大きな行事の内容を相談し、役割分担をする
- □ 学年で教科・領域などの役割分担をする
- □ 学年で会計の担当を決める
- □ 学校の研究と自身の研究計画 (研究授業の日程など) を立てる
- □ 学校のルール (持ってきていい文房具等) や取り組みを確認する

自分のクラスに関わること

- □ 教科書類を運び込む
- □ 学級通信を作成する (主任などに出していいかの確認をする)
- □ 子どもの引き継ぎを行う
- □ アレルギーを持っている児童とその対応方法を確認する
- □ 教室環境を整える (机・椅子の数、掃除など)
- □ 教室の備品を整える (チョークや画用紙なども確認しておく)
- □ 教室の掲示場所を考える (学年便りや保健便りなど)
- □ 子どもの名前チェックと由来を考える
- □ 子どもの誕生日をチェックする
- □ 清掃場所の確認と清掃方法を考える
- □ 給食のルールを考える
- □ 朝の会と帰りの会の内容を考える
- □ 係活動について考える
- □ 各教科書の1年間の内容にさっと目を通す
- □ 4月の教材研究を行う (学年の先生と一緒にするのも可)
- □ 授業の進め方や生活指導の方法を先輩に尋ねる

教室の備品を揃えよう

教室にあれば便利なものを紹介

　春休みの間に僕自身が揃えるものを紹介します。意外とあれば便利です。

○ **貸し出し用の文房具**

　筆箱を３セット。中には鉛筆、赤鉛筆、消しゴム、ものさし、マジックペンを入れておきます。ほかにも、分度器、三角定規、コンパス、下敷きも準備しておきます。これらは、100円均一ショップにいくと手に入りますが、余裕があればその年に子どもに人気のありそうな有名人のものやキャラクターのものを準備します。それだけで子どもとの距離を縮めることができます。

○ **使い捨て用マスク、ヘアピン、ヘアゴム**

　給食当番や理科の実験で用意してくるのを忘れた時にあげています。しかし、これは学校で統一されたルールがある場合はできませんので、必ず学年で確認してください。

○ **キッチンペーパーや箱ティッシュ**

　給食の配膳の際にこぼれたものなどをさっと拭き取るのに便利です。

○ **ファイルやプリントなどをいれるボックス**

　100円均一ショップにあるB4が開いて入るプラスチックのかご

は、いくつもあれば便利です。

○ **ボードゲーム**

　トランプやUNO（ウノ）以外に子ども達がグループで遊べるものをいくつか置いています。僕のクラスで今置いているものは、「ジャマイカ」「ナンジャモンジャ」「オニミチ」「テガミチ」「ブロックス」です。

　これも学校によっては置いてはいけないところがあるかもしれませんので、確認してくださいね。

○ **さまざまな学習ドリル**

　授業で早く学習が終わった時や自主学習の時に子どもが自由に使うことができます。

○ **過去の先輩のノート**

　これまで担任した子ども達の中でノートづくりが上手な子のノートを譲り受けて、自由に見られるようにしています。とくに自由勉強のノートや物語づくりの作品などはいろいろな子が参考にしています。

　その年のノートづくりが上手な子のものはコピーして教室に「ノートの王様」として掲示します。

○ **ミニホワイトボード**

　これも100円均一ショップにいくと買うことができます。子どもの枚数分プラス係活動のグループ分があれば授業や係活動の報告などに使うことができます。

ひとくちメモ

ほかにも便利なものはいろいろあると思います。同僚の先生方の教室を見て回って参考にしてみるのもいいですね。

名前の由来を考えてみよう

出会う前に出会っておく

　春休みに僕がまずすることがあります。それは、学級の子ども達の名前を一人ひとりノートに書き写し、その名前の由来を考えることです。漢字には一つひとつ意味があります。インターネットで検索すると一文字一文字の意味が出てきます。また、花の名前が入っていれば花言葉を調べておきます。

　たとえば、うちの妻の名前は「百香合（ゆかり）」といいます。この名前の由来を考えてみましょう。百合の花言葉は「純粋」「無垢」「威厳」です。インターネットで「香　意味」と検索すると「かぐわしい、かんばしい」という風に出てきます。そこで、名前の横に「純粋無垢な香りで周りを癒す」というように自分なりの考えも入れてメモしておきます。

　こうして一人ひとりの名前の由来を考えていくうちに何度もその子のことを考えます。僕は、無理に全員の名前を覚えようとは考えません。せっかくの出会いが「覚えなければいけない」という義務感にかられるのが嫌だからです。

　名前の由来を考えるのは、その子との出会いをワクワクするものにしていくためです。そして、一人ひとりの子どもが親にとって大切な存在であることを教師の僕が自覚するためです。親はその子が生まれてきた時、周りと比較することなくその子に名前をつけます。その親

の思いに心を寄せることで子ども達との出会いを素敵なものにしたいと考えています。

答え合わせは家庭訪問で!

　さて、せっかく考えた名前の由来は家庭訪問の時に1件1件答え合わせをします。僕は家庭訪問の最後の質問は名前の由来を聞くことにしています。そうして親のその子を思う純粋な気持ちに触れたいのです。それに子どもの名前の由来を考えてくれる先生というのは保護者の方にとっても嬉しいものではないでしょうか。

　一人ひとりが大切にされ、生まれてきたんだと教師自身が感じながらその子に出会うと、親しみが増しますよね。ぜひ、試してみてください。

名前の由来を考え、ワクワクする出会いに!

ひとくちメモ

名前の由来を考えることにどんな効果があるのか疑問に思うかもしれません。でも、実際、やってみたらいろいろ気づくことがたくさんありますよ。

5 引き継ぎは参考程度に！ 出会うまではわからない

人はルールではなく、ムードに従う生き物

　春休み、昨年度の担任の先生からの引き継ぎがあります。その時にさまざまな話を聞くと思いますが、僕が覚えておくのは家族の状況やその子の身体的な病気についてだけです。**子どもはその学級のルールに従うのではありません。その学級のムードに従うのです。**

　つまり、前年度の教室環境に適応してその子のある部分が出ていたにすぎません。教室の一番の環境、それは教師です。

　ある子がうまくいっていない、問題行動が多いのであれば、それは前の学年の教室の環境や担任の先生のあり方ややり方と合わなかっただけかもしれません。

　ここで、言いたいことは前年度の先生のやり方がよくないと言っているのではありません。教師も完璧ではないので、全ての子が満足できることはないということです。それが普通です。一見、うまくいっているように見えているクラスでも必ず我慢して教師に合わせている子がいるのです。

　もしあなたが出会う前に「あの子には問題があるよ。」「あの子がいないといいなあ。」と思われていたとしたらどうでしょうか。名前の由来を考えるのとは、全く逆の効果を生みます。見えないところでそういう風に思われていることを知らなくても、子どもはあなたの言動の端々にマイナスなものを敏感に感じるものです。

始業式から観察を続ける

　始業式から何をするのか。それは子ども一人ひとりを観察し、ノートに書くことです。どのような活動で誰がどんな反応をしたのか、どのような言葉で誰がどんな反応をしたのかをノート（2章参照）に記録していきます。その中で気になる行動があれば、すぐに前年度の先生や養護教諭に相談しましょう。担任一人で全てを抱え込んではいけません。所詮、一人で見える世界には限界があります。複数の目でなぜそうなるのかを考えていくことが大切です。

　前年度の引き継ぎもそうです。それはあくまで一つの視点からの子どもの姿です。全てではありません。そのことを自覚して、いろいろな角度から子どもを見つめていきましょう。

いろいろな角度から子どもを観察しよう

ひとくちメモ

人はプラス面もマイナス面も５０％です。環境によって、どちらが出ているかにすぎません。どの環境なら輝くか。それを考えたいですね。

誕生日を調べておこう!

その子にとって特別な日だから……

　担任になり、名前の由来を調べる時には、その子の誕生日も確認し、ノートに記入します。その時に、どんな風に誕生日を祝ってあげようかを考えます。僕の知り合いには、学級通信でその子一人の特集を出している人もいました。

　子どもの人数や自分のできる範囲も考え、義務感にならない程度で祝ってあげましょう。僕も年によっては、その子の誕生花や花言葉、その子が生まれた日にオリコンチャートでトップ３だった曲、その子への詩などをまとめてあげたこともありましたし、クラスみんなで色紙を作成した年もありました。子ども達主体でしたこともありましたし、給食の時間に誕生日の歌を歌い、乾杯をしただけの年もありました。連絡帳にメッセージを書き、保護者の方にも見てもらえるようにしたこともあります。どんな祝い方にせよ、祝ってもらえることは嬉しいものでしょう。

　気をつけないといけないのは、一人でも誕生日を忘れないということです。忘れるのを防止するために、教室にその月、誕生日を迎える子の名前を掲示したり、係でも祝ってもらったりするようにしています。

　忘れることのないようにこうして何か対策を講じておかないと、せっかくのよい取り組みも一人の子を深く傷つける取り組みに変わっ

てしまうおそれがあります。

春休み中に誕生日を迎える子に

さて、春休みに誕生日を迎える子の場合は、クラスで祝ってもらえる機会が少なくなります。そこで、春休みに誕生日を迎えている子には始業式に早速、歌でお祝いをしたり、黒板におめでとうのメッセージを書いておいたり、メッセージカードをプレゼントしたりします。

4月は教師もやる気になっているので、1年間できる取り組みを考えておきましょうね。

何事も期待を少し上回ることが大切です。期待していなかったことや期待以上のことは子どもの心に強く残りますからね。

期待以上のことは子どもの心に強く残る

ひとくちメモ

誕生日を祝うなら忘れることなく、全員の誕生日を祝いましょう。一人でも忘れると逆効果です。

徹底的に掃除をしよう!

見ているものに心は似てくる

　教室に入り、最初にチェックするのはドアのレールです。僕が以前、イエローハットの創業者・鍵山秀三郎先生に「教室のドアのレールを綺麗にしていますか。」と聞かれた日から、常に意識をして磨いています。こうした細かなところにまで掃除が行き届いている教室は入った時の空気が違います。

　荒れているクラスで教室が綺麗なものはありません。どの教室も汚いです。日々見ているものに心は似てきます。

　ですから、春休みに子どもと出会う前に教室は綺麗に掃除をします。

　掃除をしていて思うのが前年度の先生の去り際です。前年度の先生が年度末に綺麗に掃除をしてくださっていると春休み、掃除にかかる時間が少なくなります。逆に掃除をされていないと春休みは掃除にすごく時間が取られることもあります。

　教室がどんな状態でも、そこに子どもを迎え入れるわけですから、綺麗にします。教室は自分のお店のようなものです。汚いお店には、あえて入ろうと思いませんよね。

　ロッカーの中から、机の中まで一つひとつ丁寧に拭き上げていきます。ただし、これも自分のできる範囲です。限界を超えてやって、子どもと出会う始業式に疲労こんぱいではもったいないですからね。

教室だけでなく……

　教室だけではなく、子ども達が使うトイレもチェックします。教室同様、トイレも子どもが毎日、使用する場所です。お店でも、トイレをチェックすればそのお店がよいお店かどうかはわかるといわれていますよね。学校も同じです。

　これにもできる範囲がありますが、少なくとも目に見える汚れは教師が綺麗にしておきましょうね。

　そのほかにも、子どもが歩く廊下や階段もチェックしておきましょう。掃除に終わりはありません。ちなみにディズニーランドでは、「赤ちゃんがハイハイしても大丈夫なくらい」を目標に掃除をするそうです。

いいクラスは綺麗な教室から

ひとくちメモ

綺麗な教室は空気が違います。最初に綺麗な空気をクラスみんなで体感し、みんなで１年間綺麗な空気を保てるようにしましょう。

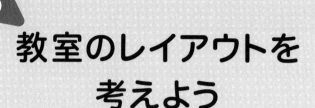

教室のレイアウトを考えよう

教室の机の配置はどうしますか？

　教室のレイアウトで一番大きなものは机の配置でしょう。机の配置には大きく3つあります。それぞれにどんな目的があるのか知っておきましょう。

○講義型
　一般的な机の配置です。どの席の子も黒板に向いているので、教師は話しやすいですが、全体で話し合う時には子どもが話し手に体を大きく向ける必要も出てきます。

○アイランド型
　班で机を寄せた形です。4人が一番よい構成人数だといわれています。協働的な学習などグループでの活動や学び合う時にはよいですね。他の班や教師の話を聞く時には体を大きく向ける必要があります。

○コの字型
　子ども達が全体での話し合いを行う時の雰囲気が机の配置によってでき上がっています。ただし、この配置だと過刺激に感じてしまう子もいるのでどのようにするのかよく考えましょう。

どの机の配置で行うにしても、教師はなぜ、その机の配置で行っているのか説明できるようにしておきましょう。また、下のイラストのようにアイランド型でも、席の角度を少しつけることで、板書したものが見やすくなります。そうした配慮も大切ですね。

掲示物の場所を決めよう

　黒板がある前面には、掲示物が少ない方がよいと一般的にはいわれますが、それも絶対ではありません。子ども達の状態や様子によって変えていけばよいことです。できれば、子ども達が自由に使用してもよい黒板のスペースや掲示板を与えてあげると、係活動も活発になります。また、その際には掲示物は歪んでいないかをチェックしたり、４つ角をしっかり押しピンで止めたりすることも指導します。「見ているものに心が似てくる」のは教室掲示も同様です。

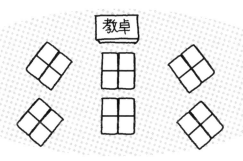

目的に応じて教室のレイアウトを使い分けよう

ひとくちメモ

教室のレイアウトにはいろいろとあります。始まってから学校中を探検し、他のクラスの先生方の工夫を見て、参考にしましょう。

必要以上に
準備しないことも大切

教室は自分たちでつくっていくもの

　4月にロッカーや靴箱に出席番号のシールを貼ったり、教室のさまざまな物の配置をあれこれと変えたりしているとあっという間に時間がなくなっていきます。時間が足りなくても、こうしたことを準備することで子ども達はスムーズにスタートできます。

　しかし、僕は中学年以上を担任する時には、これらのものを全て教師が準備することはありません。準備しないまま、始業式を迎えるのです。そうするとどうなるのでしょうか、初日、「ここがあなたのロッカーね」と決めても、次の日には何人かが忘れてしまっていたり、間違っていたりして問題が起こります。

　問題が起こると面倒だなと感じる方がいらっしゃるのかもしれませんが、問題を起こすためにこのようにしています。こうして問題が起これば、どうするとその問題を解決できるのかについて話し合う機会ができます。

　また、そうして自分達で話し合った後、ロッカーなどにシールを貼るという経験ができれば、シールが外れた時も自分達で貼り替えるようになります。これが最初から貼ってあると、剥がれていても誰かがやってくれるものと思っているからか、剥がれたままになっていることが多くあります。

　かけられる時間には限りがあります。その中で何にコストをかけ、

何にはかけないのかを考える必要があります。どんな狙いで、どんなことをしておき、何はしないのかを考えておくことも必要です。

他にも子どもにしてもらうこと

　以下のイラストのように子どもの机にシールを貼るのも子どもと話し合った後、貼っています。給食時間の後、掃除をするために机を動かした後、どの机をどこに戻すかわからないので「○号車・△列目・左右」がわかるようにシールを貼ります。

　また、床に机の印を書くことも子ども達の役割です。どうしたらいつも机を綺麗に揃えられるのか尋ねれば、子ども達からアイデアが出てきます。

子どもが考えられるチャンスをつくろう

ひとくちメモ

準備することのよさもありますが、逆に子どもの成長のチャンスを奪うこともあります。なぜ、そうするのか教師が常に思考しましょう。

1年の大まかな
計画を立てよう

春休みの間に……

　春休みは、多くの教師が一番やる気に溢れている季節です。そのような状態で授業や行事を考えると、4月の1週目に行う行事には、大きな力が注がれることになります。その結果、8時間しか扱わない授業の準備に15時間近くもかけてしまうことも珍しくありません。

　いくら教師が一生懸命でも受け手の子どもが受けきれないほどの大きなものだと意味がありません。それどころか、それらの活動は「痛み」に感じるようになることもあります。

　そこでまず、授業においては3学期最後の教材を見てみましょう。そこであなたはこれから出会う子ども達とその時どんな授業をしていたいのかを考えてみましょう。新任だと、イメージして何の意味があるんだろうと思うかもしれませんし、すぐにはイメージできないかもしれませんが、最初は「こんな教室の雰囲気だといいな」ぐらいのイメージでもよいのです。

　そうして、最終の授業のイメージを持ってから、1年間の授業を見てみましょう。それから、4月の授業準備をします。そうすることで各時期にどの程度どんな力を子ども達に育もうか、ここでの力を次のこの単元で強化しようかということも見えてきます。

　こうすると最初の教材にいろいろなことを詰め込むことが減り、教師も子どもも楽になっていきます。

この作業が学年会議でできるのなら、共にイメージを持つために行うことを勧めます。

学年での行事や校務分掌も同じ

授業だけではなく、1年間の見通しは学年の行事や校務分掌でも持つようにします。それらは、見開き1ページを使って4月から3月までをまとめるようにします。

校務分掌で6月に行事を中心になって回すものがあるなら、5月中旬に提案、4月下旬から5月初旬に部会会議というようにメモしていきます。

また、学年での社会見学や遠足はもちろん、運動会や学習発表会、作品展に向けて、1学期から何をしていくかを考えるようにします。たとえば、僕は○月の運動会の時期にどの子も踊れるようにするために4月から体育の授業で準備運動は音楽を使って行ったり、音楽の授業では簡単な振付を行ったり、普段の授業のちょっとした空き時間を使って先生の動きを真似るミラーゲームを行ったりします。

こうして、いざダンスを始める頃にはどの子も踊れるようになります。

ひとくちメモ

見通しを持つことで余裕を持って準備ができます。2学期、3学期のことは夏休みに取り組むことも可能です。まずは計画をつくりましょう。

自分のビジョンを描く

どんな教室で子どもにどんな力を育てていきたいですか?

　ビジョンがなければ、つまり、どこに向かって進んでいきたいのかがなければ、ただただいろいろな実践に手をつけるだけになり、無駄の多い取り組みが増えてしまいます。そして、肝心なことに力が注げなくなってしまいます。

　では、あなたのビジョンは何でしょうか。これから担任していく学級で、3学期にはどんな授業をしていたいのでしょうか。ほかには、教師という立場でどんなことをしたいのでしょうか。また、どんな教室でどんな授業をして、どんな力を子どもたちに育んでいきたいのでしょうか。

　ビジョンは現段階で考えられる範囲で構いません。**正解はないのですから、現状の自分なりのビジョンを考えてみましょう**。新任なら新任なりでいいのです。ビジョンはどんどん更新されていくものですから、現時点のビジョンを必ず描きましょう。

　たとえば、現在のクラスで3学期の国語の物語教材でどのような授業をしたいのかを考えてみるのもいいでしょう。

　ちなみに僕自身のビジョンの一つとして、次のような教室を子どもたちとつくっていきたいと考えています。

①どの子も居場所（つながり）がある

②どの子も思いを表現できる

③学力保障ではなく、学習権の保障がある

④自分にあった学び方を選択できる

⑤失敗でき、失敗することへの耐性がつく

⑥合意形成し、皆で価値観をつくっていける

⑦多様な価値観が認められる

⑧思いやりにあふれている

　ビジョンは自分の向かっていきたい方向ですから、これが基盤になり、日々の授業や行事ができていきます。ビジョンがなければ、ただ時期が来たから取り組むだけのものなってしまいますね。ぜひ、春休みに考えてみてください。

ビジョンを描くと活動のねらいが生まれる

ひとくちメモ

教師としてどんな教室をつくっていき、どんな力を子どもに育んでいきたいのか。それがあってこそ、一つひとつの活動にねらいが生まれます。

第 2 章

あたらしい教室の 1年間が見違える! 最初の1週間にやるべきこと

4月の最初の1週間は、子どもたちとの

関係の土台を築く重要な時期です。

絶対しておきたい見取り方、

関わり方をお伝えしましょう。

4月から最初の
1週間で何をするのか？

見えていないことを自覚する

　この章では、僕が担任をした5年生40人の最初の3日間の様子を紹介します。その中で、僕がどのようなことを心がけて取り組んでいるのかが伝わればと思います。

　以前の僕は最初の3日間は自分の計画したことを計画したとおりに行っていました。子どもの反応や一人ひとりの様子などを気にせずに、熱心に一生懸命、自分がよいと考える価値観に子どもを染めることに必死でした。その時は、あまりにも一生懸命でその中で苦しんでいる子の存在に気づいてもいませんでした。

　それどころか、どんどん自分色に染まっていく子ども達を見て気持ちよくなっていました。その頃には子ども達は僕には本音を出せなくなっていました。いま、当時を振り返ると、ひどいことをしていたなと感じることが多くあります。

　「いまは見えているのか？」と聞かれると「見えていません」と答えます。**でも、以前に比べて「子どものことは見えていない。わからない。」ということを自覚しています**。だからこそ、子どもをよく見て、考えるようになりました。

　また、以前は「先生が叱る時」はどのような時かを子どもに伝えていました。でも、これもいまはしなくなりました。なぜなら、こんな約束は守れないからです。人間だから感情で叱ってしまう時もあるし、

その子の背景が見えることで叱れなくなってしまうこともあります。こうしてよかれと思ってする行動も、無理な条件を伝えていることでつじつまが合わなくなり、「先生は贔屓している」と思われるようなことになってしまう時もあるからです。

何を観察するのか？

　子どもをよく見るといわれても、何をどう見ればいいのかわからないという方もいると思います。

　そこで、最初に、僕自身が子どもの何をみて、どのように対応しているのかを、僕が毎日つけている振り返りノートを見ながら、理解してもらえればと思います。紹介するノートも学級びらき2日目に書いたものですから、子どもと出会って何をしているのかのヒントにもなると思います。

自分の価値感を子どもに押しつけない

ひとくちメモ

子どもを見るためには「見えていないと自覚する」ことからです。人は見えないものはじっくり見ようとします。

出会いの日

何があるのか予想できない

　ここから、昨年の始業式から１週間の様子をご紹介していきましょう。

　始業式の日、僕は式が終わってから教室に向かいました。僕は子どもとの出会いを演出するために２つの仕掛けをしていました。

　１つは黒板にクイズを１問書いておきました。その横に「このクイズを考えながら、静かに先生が来るのを待てたら、あなたはスーパー５年生」と書いておきました。これができていたら、出会いから早速「みんな、素晴らしいね」と声をかけられることも考えてのことでした。

　もう一つは、笑いをとろうと金髪のカツラを被っていきました。

　しかし、教室に近づくにつれ子ども達の騒いでいる声が聞こえます。そこで僕は、そっとカツラをとって、カバンにしまいました。この状況でカツラをつけたまま教室に入っても逆効果になるからです。

　教室に入ると、数人の男の子が走っていました。僕は、走っている子に「黒板、読んだかな？」と聞きました。すると、「読んだ。」と言いました。「そうかあ。読んだけれど、やらなかったんだね。明日に期待しよう。」と言い、子ども達を座らせました。

　ここから子ども達の観察を始めました。周りのこの状況をどんな風に見ているのか、笑っている子はいるか、喋らず座っている子はいるかなどです。子ども達を座らせて、挨拶をしましたが、動きが遅く、

だらだらとする子が多くいました。

　最初に自己紹介をするために学級通信を配りました。それを読みながら、自己紹介と今年の抱負を話そうとしました。学級通信を読み始めると、先ほど立ち歩いていた子がソワソワとし始めたので、その子の近くに行って読んだり、声色を変えたりといろいろと試しましたが、落ち着かないままでした。

　そこで「学級通信はここまでにします。そうそう、○○くん、姿勢よく聞いてくれてありがとう。」と言いました。すると、子ども達から「なんで名前わかるの？」と聞かれました。「先生は、みんなの写真を見ながら名前を覚えたからね。いまから順番に言ってみるね。」と始めました。その時に先ほど立ち歩いていた子の名前は後の方に回し、わざと言いませんでした。そうすると、その子はこちらを向き、話をきいていました。

さまざまな活動の中での様子を観察する

2時間目は簡単なゲームをしました。教師が「せーの」と言ったら、1回手を叩く。次に「せーの」と言ったら、2回、3回と手拍子の数が増えていくゲームです。

このゲームをすると、何人かの男の子がふざけて、わざと手拍子をずらします。そこで、男子対女子の対抗戦に変えました。そして、練習時間をとり、先ほどふざけていた子に誰が話しかけるのかを見ていました。練習後、男女対抗でゲームをしたら、どの子も真剣にしていました。

3時間目は読み聞かせをしました。その時に絵本の周りに誰が来て、後ろの方に誰がいるのか見ていました。ある子は、「俺は、そういうの嫌い！」と言って、後ろの方で他の本を読んでいました。

1日目を終えて……

1日目、僕が予定したことはほとんどできませんでしたが、子ども達の反応を見る中で、いくつかの仮説を立てました。そして、それを振り返りノートに書き、明日はどのように対応するのかをまとめました。

38

A くんについて

①男女対抗など勝負になったら集中した

    ⇩

    試合形式で楽しむ工夫

②「そういうの嫌い！」と言ったり、名前を呼んでもらえるかを気に
  したりしていた

    ⇩

    教師に注目してもらいたいと思っている。こちらから関わりを増
  やす

③ゲームでふざけた

    ⇩

    みんなの注目を集めたいのか、ゲームのルールが理解できなくて
  ふざけたのか。ゲームをする時に板書をしながら、ルールなどの確
  認を丁寧にする

    また、A くんがふざけた後、○○くんが「ちゃんとやろうや」と
  声をかけていたので○○くんに先にアプローチしてみる

これが初日の子ども達との出会いでした。教職 15 年を超えて担任
した学級です。15 年経っても、準備していたことは全くそのとおり
にはなりません。最初の 3 日間で教室のルールをつくっていくという
ことがいわれることもありますが、ここに書いたような状況では、そ
れもなかなか難しいものです。

叱って、高圧的になればできるかもしれません。しかし、1 年は長
いのです。最初の 3 日で 1 年間が決まるわけではありません。

**ですから、子ども達をよく観察し、気にかかることがあれば、それ
は何が原因でそうなっているのか仮説を立てて、次の日に臨みます。**

3 授業の中で 子どもとつながる2日目

朝から子ども達と遊ぶ

　2日目、朝から子ども達と運動場で遊びました。ドッジボールを一緒にしました。本気でボールを投げれば、男の子達は「僕にも投げて！」と言って楽しそうにしていました。**こうして、「この先生と一緒に何かしたらおもしろいなあ。」という気持ちをつくります。**

　朝の会は、黒板に「先生が来るまで静かに国語の教科書を読んでおこう。これができたら、あなたはスーパー5年生」と書いておきました。朝のドッジボールの後、男子に「黒板、読んだ？　今日は頑張ってチャレンジね。」と声をかけました。

　職朝が終わり、教室の前に行くと静かでした。そこでカツラを被って教室に入りました。子ども達はとても笑っていました。

　教室に入り、「黒板に書いていたことができた人？」と聞きました。するとみんなの手が挙がりました。「素晴らしいね。」とほめました。

　こちらから子どもに提案したことは、それが実際できたのかどうかを必ず評価します。評価権を最初に教師が握ることが大切です。

　この日の時間割は「①国語　②算数　③掃除指導　④給食指導　⑤給食と掃除の振り返りと宿題指導」でした。（③〜⑤は第4章参照）

国語の音読でたくさん笑いを

　最初の授業では、巻頭詩を使っていろいろな読みをゲーム感覚で行います。そうしてたくさんの笑いを起こしながら、とにかく音読でしっかり声を出したり、何度も読む中で自然と暗唱できるようにします。

　まずは、教師が読み、どう読むとよいのかを表現します。それを追い読みさせるのですが、子どもが読む時には教師も一緒に読むようにします。

　全体でさせていたのを、徐々に号車⇆班⇆ペア⇆個人で行っていきます。班ごとでできるようになれば、ペアでやりますが、班ごとでできなければ、号車ごとに戻します。このように読む人数を変化させることで、一人ひとりに緊張感を持たせることもできます。そればかりではなく、自分以外の人がどれくらいの声を出しているのかを客観的に捉えられるようにもなります。この時点でしっかり声を出せるムードが教室にあれば、声が出ていなかった子もだんだんと出せるようになっていきます。

ある程度、声が出るようになってきたので、「教室からどこまで声が響いてるのか、先生が聞いて来るね。」と言い、「どこまで声が届くかチャレンジ！　まずは、1階の廊下に行ってきます。先生が教室をでたら10数えた後にAくんが『せーの』って声をかけて、読んでね。」と板書をしながら説明しました。さらに、ゲームを始める前に「ペアの子と先生が説明したことを確認して。」と言いました。それからゲームをするとAくんも楽しそうに参加できていました。そうして、クリアするたびに、だんだんと距離を伸ばしていきました。

　この日は、ほかにも「たけのこ読み」「噛まずにどれだけ速く読めるか」「1分間にどこまで暗記できるか」「10秒でどこまで読めるか」など、いろいろな読みを楽しみました。どの方法も、もう少しやりたいなと思うところで、他のやり方に変え、子どもの意欲が下がらないようにしました。

　授業の終わりにAくんに「みんなをまとめる号令、素晴らしいね。」と声をかけ、その反応を見ると、笑顔で嬉しそうにしていました。

算数でルールとゴールを再設定することを伝える

　僕は4月の授業は各教科、最初の取り組みを同じにしています。そうすることによって、勉強がしんどい子も何をすればよいのかわかるし、授業にも乗ってきやすくなるからです。**このように授業では、まずは、どの子も同じ土俵に上げることを大事にしています。**

　この日はエレベーター算を教えました。筆算で同じ数を10回足したり、引いたりする計算です。たとえば、36を10回足したら360になります。30秒で36を10回足して、360にいったらクリアです。引き算の場合は360から36を10回引いて0になったらクリアです。

　実際に同じ数字で何度か行うことで、どの子も記録が伸びます。そして、その中でゲームをクリアする子が出てきました。その子は25秒でクリアし、その後、周りをキョロキョロ見ていました。

僕は、その子に「すごいね。素晴らしい。でも、残り５秒、何をしてたの？　なぜ、20回足して720を目指そうとはしないの？」と聞きました。すると、「先生が360でゴールって言ったから。」と答えました。

　そこで子ども達に「先生が指示するのは、いつも最低限のルールとゴールです。そこから必要があるなら、ルールとゴールを自分でつくり直すんだよ。」と説明しました。何度かやった後、20秒でペアの子と交代して行う「エレベーター算リレー方式」に取り組みました。

　エレベーター算を終えた後は、トランプ算をしました。100円均一ショップでトランプを10組買います。１人に１～10のカードを配ります。「用意スタート」でそのカードを１枚ずつ順に足していきます。そうすると合計が55になります。

　この２つの取り組みもやり方を板書して、教師の説明を聞いた後、ペアでルールを確認して行いました。計算が始まったら、Ａくんの近くに行って、困っているところはすかさずフォローしました。それだけでなく、１回目より記録が伸びるたびに「すごいなあ」と声をかけました。残り時間は３章で紹介しているゲームを行いました。

2日目に起きたトラブル

　2時間目が終わり、休み時間にクラスみんなで鬼ごっこをして遊びました。この遊びは、僕が呼びかけました。遊びから戻ってくると窓を開けるか、開けないかで女子2人が喧嘩をし始めました。そこで、授業を始める前に4章で紹介している方法で話し合いを始めました。

こうしてクラスで起きる問題は他人事としてではなく、自分のこととして考えるようにし、また同じようなことが起きないようにするにはどうすればいいのかみんなで考えます。

　この日は、ほかにも学習で困っているBくんがいました。Bくんは、この日授業が始まってもなかなか教室には入れませんでした。この日のメモには、「Bくんが全体で学ぶ時に入り込めないでいる。何がしんどいのか。どこまで聞けるのか。観察していく必要がある。特別支援学級に行った時に『靴をそろえたこと、ほめてもらえて嬉しかった！』と話していたそう。まずは、教室に居場所ができるようにする。」

　こうして問題が起きれば指導のチャンス、その子を理解するチャンスと考えて、どんどんアクションを起こします。右はBくんのことを紹介した学級通信です。毎年、家庭訪問までに全員が学級通信に登場するようにしています。

全員を学級通信に登場させていく

	5年3組
倖せのバケツがいっぱいのクラス	学級通信 第2号

はきものをそろえると・・・

　　まずは、この詩を読んでみてください。

はきものをそろえると　心もそろう
心がそろうと　はきものもそろう

ぬぐときに　そろえておくと
はくときに　心がみだれない

だれかが　みだしておいたら
だまって　そろえておいてあげよう

そうすればきっと
世界中の　人の心も　そろうでしょう

　　昨日、みんなが帰った後、靴箱を見るとBくんとCさんのくつがまっすぐにそろっていました。上の写真が2人の上靴です。これは、両手でしっかり揃えてないとなりません。この2人の上靴を見て、先生は上の詩を思い出しました。そして、みんなの靴をそっと揃えておきました。
　　自分で揃えられるクラスは素敵だと思います。でも、人間だから忘れることもあります。そんな時に、「そろってへんで！」という声が飛び交うクラスより、だれかがそっと揃えてあげられるクラスはもっともっと素敵だなあと先生は思います。

みんなのきらっと光る姿！

Dくん・・・すぐに切り替えて、話の聴き方がぐっとよくなっていったね。

Eくん・・・先生が話していると目を合わせ、頷きながら聴いてくれたね。話しやすかった。

Fさん・・・先生の出したゴミを片付けてくれてありがとう。
Gさん

教科書を運んでくれたみなさんもありがとう！とっても助かりました。

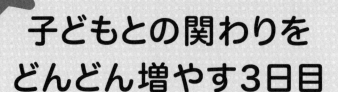

子どもとの関わりを
どんどん増やす3日目

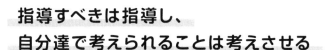

指導すべきは指導し、
自分達で考えられることは考えさせる

　この日の時間割は、「①発育測定　②ペアトークと昨日の振り返り　③算数　④体育　⑤社会　⑥国語」となっていました。

　発育測定では、教室から廊下への並び方、廊下の歩き方、保健室の入り方、過ごし方、出ていき方を指導しました。

〈廊下〉

並び方…………30秒で無言で並ぶ。避難訓練だと思って並ぶ。

歩き方…………かかとから足を下ろす。階段はつま先から。

〈保健室〉

入る時…………「失礼します」と言って入る。

過ごし方………出席番号10番以降は本を持っていき、読書。

出る時…………「ありがとうございました。」と言って出る。

　発育測定から帰ってきたら、自分のできを5点満点で評価し、指の本数で点を表わし、挙手します。そして、ペアの子とどうしたらいまの点が5点になるのかを話し合わせます。それは、画用紙に書いておき、次の教室移動の時に確認します。

　2時間目は前日の給食と掃除の振り返りをしました。これも同じように5点満点で点数をつけ、次の課題をペアで話し合い、画用紙にまとめました。**このようにできるだけ教師が指導するのではなく、子ど**

も達から改善案を出すようにします。

　ペアトークも短い時間で、いろいろなテーマで話し合わせましたが、その中で相槌の打ち方や「言い換えると」「まとめると」などのつなぎ言葉を指導して、話し合いの中で使う練習をしました。

体のふれあいを増やす体育

　4時間目の体育では、スキンシップをたくさんとりました。まずは、ペアになり左手をつないだ状態のまま右手で相手の右膝をタッチするゲームや5人で縦につながり、鬼の子が一番後ろの子にタッチする「守り鬼」や、男子が腕を組んで座って女子が男子の足を引っ張って決められた線まで連れていく「大根抜き」などを行います。

　この日、男子と女子が手をつないで座るという単純なゲームをしました。最初はできませんでしたが、いくつかのゲームをした後、チャレンジするととても素早くできました。以下は、その時の様子を学級通信で書いた内容です。

最高記録、6秒でできたよ！

　昨日は、「男子と女子でペアになり、手をつないで座る」のにどれだけの時間がかかるのかタイムを計りました。男子と女子は1日目に話した「ちがい」の一つです。ちがいを意識し、交わることができないクラスはどの人とも協力できるクラスにはなれません。この人は、ああだ、こうだと考える間もないくらい、真剣に行ったら楽しいものですね。ゲームの途中、Aさんが男子に声をかけているのを見て、この短時間で勇気を振り絞って動けたなあと思いました。勇気を出したという経験を積み重ねれば、いろいろな場面で勇気がでるようになっていきますね。

こうして、「この先生なら変われるかも」「この先生ならなんか楽しく取り組める」「この先生はいつも見てくれてる」などと感じてもらえれば、教師の声も届くようになります。最初の3日では、こうしたことを意識して取り組んでいます。

最初の1週間を終えるまでに……

①全ての子どもと毎日関わる

1日のうちに教師から1000のプラスストロークを心がける。

これが僕の最初の1週間に必ず行うことです。ストロークとは関わりのことです。たとえば「①目を合わせ　②笑顔で　③おはようと声をかける」これで3ストロークです。教師から1日全ての子どもにかけるプラスストロークの合計が1000を超えると温かい教室になるといわれています。

僕が家庭訪問までに全ての子どものことについて学級通信に書くのは、どの子とも関わりをつくるためです。1週間たってもまだほとんど話をしていない子が教室にいるというのは問題です。

教師の周りに集まってくる子がいます。その子たちとの関わりはもちろん大切にしますが、その関わりに入れずに一人でいる子にこそ目を向け、声をかけるのです。それだけでなく、教師が架け橋となり他の子とのつながりを生むのです。

教室の気になるあの子に教師がどのように関わるのかをいつも周りの子ども達は見ています。どの子にも温かい心で、その子らしさを見つける心で接することです。

②何に困っているのか観察し、仮説を立てる

学習面でも、生活面でも、目の前の子が何に困っているのかを考えます。どの子も「ちゃんとやりたい。」「みんなと同じようにやりたい。」という思いを持っています。

それをうまく表現できなかったり、もう諦めてしまっていたりする
だけです。

　教師はその子の言動を分析し、仮説を立て、手立てを考えます。一
人でわからなければ、同僚に相談しましょう。教師の思いを押し付け
るだけでなく、子どもの内面の声に耳を傾けてみましょう。

③教師という仕事を楽しむ

　教師という職業を選択したのなら、この仕事ができることに感謝し、
楽しむことです。朝も休み時間も子どもと過ごし、楽しむことです。

　その姿勢を子ども達に見せるのが最初の１週間で一番大事なこと
です。

全ての子どもと毎日関わるようにしよう

ひとくちメモ

**全ての取り組みは児童観から始まります。子どもをしっかり
と見つめて、何が必要かを考え続ける教師でありたいですね。**

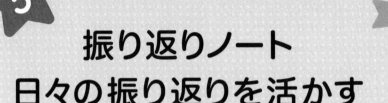

振り返りノート
日々の振り返りを活かす

振り返りは何のためにするのか？

　子どもが何かの行動をとるのには、必ず原因があります。その原因は一つではなく、さまざまな要素が絡まっていることがほとんどです。だから、表面の目に見えることだけで判断するのではなく、さまざまな角度から想像したり、他の人から意見をもらったりすることも大切です。**まずは、「子どものことはわからない」ということを自覚することです。**見えないことがあると自覚した人だけが、これまで見えないものが見えたり、感じられたりできます。だから、僕は、毎日、右の写真のような記録を行っています。

子どもの言動から考える

　さて、4月11日の僕のノートの中にAくんについての記載があります。この子は集団づくりのゲームを行うと、それまでの表情や様子とは全く違い、急に集団から離れ、ゲームに参加しないことがこの日にありました。そのゲームは、ペアになって行うものや大きな音がなったりするものでしたので、どのようなゲームをしたら、どのような反応をしたのかを書いておきました。そして、次の日からこのような状況になった時はどうするかを考え、それも併せて次のように書いておきました。

4月11日のノート

DATE

4/10

B くん … 一番最後まで教室　机のまわりエンピツけずり
C くん … イス ×
D さん … 手伝い　紙のせいり　ひも片付け
E さん　D さん ちょく　E さん ちょっと
A くん　3学期 転校した
スタート　M くん　腹痛のため保健室へ
　　　A くん　階段で待っていた。緊張感
[パンパンゲーム]
ゲームでふざける子2人　F くん　G くん
なんどかパターンをかえる中でできる子とできる
ようになった。号車別 → 男子 vs 女子
話を聞く姿勢も気になったので笑いの中で
　G くん　に注意(指摘)した。
少し気にしているようなので、接し方を考える。

　D さん　ていねいに紙を整えてくれた。
　H くん　B くん　I くん　の3人は進んで
何度も5の1に教科書をもっていく。
　G くん　がうなずきながら聞いていたこと
をすばらしいと言って伝えた。
　J さん　全体では休み時間も教科書を
読んでいたり、スムーズに連絡帳を出せ
なかったりしていた。
　└→今、何をすべきか可視化したり、
　　　一時に一事を意識したりして
　　　様子を見ていく。
　K さん　…ミニバス　話の聞き方が気になる。
楽しく、優しくは伝えられた。
3分オーバー（3限のスタート）　G さん　L くん　に伝える
　　　　　　　　　　　　　　　　F さん
　└→明日、もう1度話す

4/11　そうじ後、厳しく叱る。
　└→叱られる時だけ、何かがひっかかる。
K さん … 叱る前、叱った時「○○してません。」
　全体を叱った後、きっちり聞くようになった。
チェック … F さん　N さん

今日やったこと
　①　声はどこまで届くかな？
　①　男女の手つなぎ → 42秒 → 14秒 → 10秒っぽい
　　　どちらも一生懸命
　　　ゲームによって参加できるものもある。誰かがペアになる。
A くん　給食の時、かわりにしてあげると、自分たちで
J さん　やりたそうだった。まかせていくことをどんどん
　　　　増やしてみる

　①先生と一緒に
　　やると安心
　②気持ちがかわったら
　　気づいてほめて安心
　③失敗 → 判断

N くん … 一度伝えると　D さん　の分の手紙をとじに
　　　また、素直に動けるところも多くある。
委員会決め…　L さん　目で合図 → 注意
話を聞く姿勢が、聞く力が十分ではないけれど、ペアで
話をする機会を増やしていきたい。どうしたら、うまく
いくかを考える。（ M J B ）

そうじの中にそれぞれの価値観があるのでどれが
いいか、全体で確認させながら、決めていく。
　・そうじ
　・給食…待ち方、盛り方、片付け、歯みがき

クラスの中のシール作りを行った。班の時の印に
した。
　　　　　　　　　　　　　　　　　20秒ほどで
　└→それに関して特に　　　　　動かすことが
チャイムが鳴り、すぐに切り変えられるようになった。できた。

①先生と一緒にやってみようと声かけをする
②気持ちが変わったら、参加してねと声かけをする
③「大丈夫」と一声かけ、そのあとは気にせず、自分はゲームを楽しむ

　次の日からは①〜③をして、どのような反応をAくんがしたのか、どのようなゲームにはどのように参加できたのかについて書いていきました。そして、この雰囲気だから参加できたのではないかなど、自分の考えも書き加えていきました。

　Aくんがゲームに参加できなくても教室に居場所があることや、自分のしんどさを言語化できること、この状態から抜け出し、安心して自分を表現できるようになるにはどうすればいいのかを考えていきました。

　そうすると、Aくんは教室が騒然とするゲームや人と関わりを自分からもつくっていかなければならないゲームの時に参加できないことに気づき始めました。さらに、参加しない時の表情がとても強張っていたので、そのことを記載し、さらになぜ強張るのかを想像してそれも記載していきました。

　学習場面でも同じように人と関わる時には、日によって苦しそうにしていることがありました。ですから、「無理しなくていいよ。しんどくなったら、先生に言って、少し隣の空き教室に行って落ち着いてから学んでもいいよ。」などと声かけをしていました。

　そんなある日、次のような日記を書いてきました。

　僕は前の学校でいじめられていました。いま、心の病気を治すために病院に行っています。いじめられた時のことを思い出すとふるえたり、しんどくなったりします。このことを友達に話すと友達ができなくなるんじゃないかと思って、言えませんでした。前の学年ではよく

保健室に行ってたけど、今年はほとんど行かなくても大丈夫です。理由は、僕もかしこくなりたいし、がんばろうと思ったからです。でも、しんどい時や疲れることもあります。その時は、お母さんや家族が助けてくれます。

　これから１年間、よろしくお願いします。

　なぜ、彼はこの日記を書いてきたのか。それは、Ａくんが僕に対し、（この人なら自分の思いを話しても大丈夫。なぜなら、ここまでいろいろと考えてくれるから。）と感じたからではないかと思っています。

　教育には絶対という方法はありません。だから、どのようにすれば上手くいくのかはやってみないとわからない部分もあります。だからと言って、配慮なしに何でも試してよいわけでもありません。自分が見えていないことを自覚し、常に子どもの背景を理解しようとしたり、うまくいかなかったことも分析し、次につなげていく姿勢が大事だと考えています。

　この日記を境に、Ａくんはゲームに参加できるようになっていき、いまでは以前の参加できなかった状態が嘘のように楽しく授業やゲームに参加しています。それに伴って、学習でも発表する機会が増えてきました。

振り返りをすることのメリット

　振り返りはダメな点を反省する反省ノートではありません。**上手くいかなかったことの分析はもちろんしますが、上手くいったことや成果が出たことも記録していきます。**

　自分が上手くいったなと感じた時には、「自分の感情はどう動いたのか。その時はどんな手法だったのか。それは、どの場面でどうしたからなのか。」そうしたことをできるだけ細かく思い出して記録していきましょう。

　この繰り返しの中で、どうすれば目の前の子ども達が快と感じ、どうすれば伸びていくのかがだんだんとわかってきます。そして、教師の教育観が広がりをもち、これから先出会う子ども達に対しても多様な価値観を持って関わることができるようになっていきます。

　僕はノートに以下のことを意識して書いています。

①ある行動の原因について想像したものをメモする
②その原因に対し、どのようにアプローチできるか一つでも多く書く
③実際に②のアプローチを行い、その時の反応を書き、①を再度行う

　こうしたことを意識して行うことで、これまで見えなかったことが見えるようになってきました。それにすぐに「正解」を出すことはないんだと感じるようになりました。一見、失敗に感じたあの活動が、後々、大きな成果につながることもあるということも知りました。するといろいろなことに対して、どっしり構え、焦らなくなってきました。

　何か子どものことについて保護者の方と話す時もノートを基に話すと、思い出して話していた時よりも詳しく話せるので信頼してくれるようになりました。

人の力も借りながら成長していく

　個人でやるのもいいですが、内省は時に他者と協働的に行うことで自分が気づけなかったことにも気づけるようになります。そのためには、このようなノートを見せて話すこともいいですが、日々の授業風景を一緒に見て、感じたことを話してもらうようにしています。とくに、授業のビデオを見ての授業改善はこの16年間、サークルの仲間と月2回ずつ行ってきました。

　それぞれの視点から見てもらい、その後話し合う中で、授業を改善する多様なヒントを知ることができます。最終判断は、自分でしていくものですが、振り返り、思考する過程ではさまざまな視点から見た方が気づきが多くなっていきます。

　仲間と行う時に大切なのは、それぞれが○や×でジャッジをしないことです。ついつい自分の立ち位置からものを見て、何が正解かを求めがちですが、そもそも正解はありません。だから、簡単にジャッジせず、おもしろがってみる心が大切です。さまざまな意見にも、まずは、（あっ、そうなのかも）って受け入れてみることです。

　教師は何でもジャッジしたがる癖、正解を求める癖、正解を見つけたつもりになって安心してしまう癖があるように思います。こうしたことを手放し、常に思考し続けていくことでしか成長はないのではないでしょうか。

　だから僕自身、日々、振り返りを大切にしています。

ひとくちメモ

子どものことはよくわからないと自覚することで、よく見ようとして、これまで見えなかった子どもの姿が見えてくるようになります。

第 3 章

春から夏までに
絶対にやっておきたい
学級あそび！

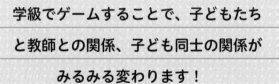

学級でゲームすることで、子どもたち

と教師との関係、子ども同士の関係が

みるみる変わります！

1 春から夏までに絶対に やっておきたい学級あそび!

学級でゲームができることで

　学級でゲームをすることは、教師の指示が聞けるようになっていく力、ルールを守って協力して楽しめる力を育てることにつながります。一緒に楽しい活動をしていくので、信頼関係も築きやすくなります。

　さまざまなゲームをするのですが、ここでは6つのゲームを紹介します。これらを1□で全てするわけではありませんが、①〜⑥の順番で行うようにしています。ゲームのルールを読みながら、なぜ、この順番でするのかを考えてみてくださいね。

①自己紹介ゲーム
- A4判の紙を四つ折りし、広げます。
- 左上の部分に友達に呼ばれたい名前を書きます。
- 左下の部分には好きな色を書きます。
- 右上には好きな給食を書きます。
- 右下にはよく見るテレビ番組を書きます。
- 書いた紙を持ち歩いて、いろいろな人と自己紹介をします。終わった相手には自分の紙の裏にサインをしてもらいます。
- 5分ほど行います。

②算数じゃんけん

● ペアになります。

● 「算数じゃんけん　じゃんけん　ほい」と言って、両手で好きな本数、指を出します。その指の合計をはやく言った方が勝ちとなります。たとえば、自分の左手が3本、右手が2本。相手の右手が4本、右手が0本（グー）だったとしたら、はやく「9」と言った方が勝ちとなります。

● 1回の勝負が終わったら、ペアをかえ、どんどん行っていきます。だんだんと声が大きくなっていくかどうかをよく観察して、ある程度、声が大きくなったら次のゲームに移ります。

③セブンイレブンじゃんけん

● ペアになります。

● 「じゃんけん　ほい」と言って、算数じゃんけんと同じように片手で好きな本数だけ指を出します。その合計が7か11になればOKです。

● これもどんどんペアを変えて行います。お気づきかもしれませんが、2人では11はできません。その時、子ども達が「両手でやってもいいですか？」「3人でやってもいいですか？」と聞いてきたら、「どう思う？」と問い返しましょう。こうして、自分達でルールをつくり直してもいいんだということや、実際につくり直す経験は他の学校生活にもつながっていきます。

④心を合わせて1・2・3

● 心の中で「1」か「2」か「3」を決めます。

● ペアになり、握手をします。

● 「せーの」の掛け声で、心の中で決めた数字だけ手を上下にふります。そうして、相手と回数が合うか、合わないかを楽しむゲームです。

⑤鳴いた鳴いたゲーム

　「落ちた落ちたゲーム」を知っていますか。それと流れは同じです。

先生……………「落ちた　落ちた」
子ども達………「何が落ちた？」
先生……………「りんご」（「げんこつ」「かみなり」）
　　　　　　　　子ども達は決められたポーズをとる

●鳴いた鳴いたゲームはこのゲームのアレンジです。
先生……………「鳴いた　鳴いた」
子ども達………「何が鳴いた？」
先生……………「サル」（ここに入るのはどんな動物でもいい）
子ども達………「ウッキー」といいながら猿のポーズをとる
　　　　　　　　（この動物の場合はどんな動きかを確認し、統一する）

●ある程度、ゲームが進んだら、鳴き声がよくわからない動物を言う。
　たとえば、ペンギンやワニなど、その時にみんなでどのようなこと
　を言って、どのように動くかを考える。
●さらに、動物の代わりにお笑い芸人の名前をいれるととても盛り上
　がります。

⑥しりとり応援団

- クラスを2チームに分けて集まって座らせる。
- 各チーム1人のリーダーを決める。
- ここから3文字しりとりを始める。
  チームのみんなで「トマト　トマト　トマトに続け」と一つのチームが言っている間に、もう一つのチームは「時計でいくよ！」など次の言葉をリーダーを中心に決める。
- 前のチームが言い終わった瞬間、もう一つのチームは「時計　時計　時計に続け」と入ります。その間に相手チームは次の言葉をチームに伝えます。
- すぐのタイミングでは入れなかったチームの負けになります。

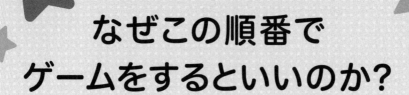

なぜこの順番で
ゲームをするといいのか?

なぜこの順番でゲームを行うのか

　①〜⑥のゲームはどうしてこの順番で行うか、その時に僕が何をみているのかを紹介します。

体の向きを見ていく

　①では、ペアになっている子どもの体の向きを見ています。まだ十分に心が開いていない場合、体は横向けに並びます。そして、体重はお互い、外側に乗っています。これがだんだんと内側に寄ってきます。さらに、体を向き合わせて話すようになっていきます。こうして話をしている体の向きを見ることで、子どもの心の解放具合を見取ることができます。

子どもの声の大きさを見ていく

　また、注目したいのは子ども達の声の大きさです。このゲームの流れは①から⑥にいくにしたがって、声が大きくなっていきます。いきなり⑤や⑥はしません。気持ちは段々とほぐれていくものですから、最初は拍手をするだけのゲームや話をするだけなど心理的なハードルが低いゲームを行います。

徐々に空気を温めていく

　他の人との体のふれ合いが必要な④のようなゲームも最初からは行いません。子ども達のペースに合わせて、徐々に空気を温めながら、心も声も解放されていくようにします。

　ペーシング（速度を整える）という言葉がありますので、ぜひ、勉強してみてください。

　僕達は研修で学んできたゲームの中で、自分が一番楽しかったゲームをいきなり教室で実践してしまうことがありますが、これでは上手くいかないことが多くあります。それは、子どものペースが無視されていて、教師本位でゲームが行われているからです。

　何かの研修を受ける時も、どうして講師の方はこの順でゲームを行ったのかを自分なりに考えてみると、いろいろなものが見えてきますね。

　②は勝負ですが、③は協力です。だから③のゲームでは成功すると子ども達が勝手にハイタッチや握手などをします。そうした行動は「いいね！」と子ども達に伝え、多くの子がスキンシップできるようになってくれば、④のゲームもスムーズにできるようになります。

仲良く「なる」環境をつくろう

　男女仲良くが実現するように、いろいろな取り組みや話を「する」のではなく、ゲームの順や環境を設定することで仲良く「なる」ようにしていくことが大切だと考えています。

　一番一体感が出て、大きな笑いになり、クラスの雰囲気がよくなるのは⑤や⑥のゲームです。しかし、このゲームをする時にはクラスの空気を十分に温めてから行う必要があります。そうしなければ、逆に教室の空気が重く、冷めたものになってしまいます。

どんなゲームを、どんな順番で行うのか、そうしてどのような状態にするのか。僕自身はとても考えて行っています。是非あなたも考えて取り組んでみてください。

ゲームはねらいをもって順番を考えよう

ひとくちメモ

「自分が楽しい」と思う順番ではなく、ねらいをもって順番を考えましょう。そうすれば子どもの変化や成長も大きく違います。

第 **4** 章

1年間がこれで決まる！
学級みんなで
つくるシステム

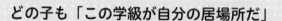

どの子も「この学級が自分の居場所だ」

と思える、安心できるクラスをつくる

システムづくりをご紹介しましょう。

全員が愛される
ことからスタート

まずは安心を感じられるように

　4月、僕は、子ども達に、「このクラスでまずは安心を感じられるようになるといいね。それまでは、人のために動こうとか思う前に自分を大切にしてね。」と伝えています。そうして伝えた時の子どもの顔をよく見てください。とても柔らかい表情をします。

　どんなこともそうですが、自分の心が安定しなければ挑戦したり、人のために動こうという気持ちにはなれなかったりします。しかし、これはどこまでは許し、どこまでは許さないのかを判断するのが難しく、迷う人もいると思います。

　子どもが目の前で教師にとってよくないと思う行動をとっていたとしても、それには何か理由があります。こちらの価値観にこだわり、○か×でジャッジするとそうしたことが見えなくなります。

　だから、ジャッジするのではなくまず「どうしたの？」と問うことから始めます。ただ、行動的に集団の輪を乱すなら、そのことも伝えます。ここでも、感情には YES、行動には NO です。ダメなことをダメと伝えることは大切です。そのまま放置していると、それを認めることにもつながります。

　このように子どもの声に耳を傾けていくと、「聞いてもらえた。」という安心感からかどの子も教師の声に耳を傾けるようになります。一度このような関係ができると、教師の語りも子どもに入っていきます。

理解されるにはこちらから先に理解する

　たとえば、塾で学んでいることをどんどん発表したがる子がいます。そうした子を僕は真っ先に当てます。だって、その子は発表して認めてもらいたいからです。発表した後、クラスのみんなに「いまの説明で理解できた人？」と聞きます。そして、「先生はいまの説明でわかったよ。さすが日々、勉強してるだけあるね。すごい。次はもっとみんなにうまく説明できるようになるといいね。」と声をかけます。これだけで、授業中の態度も変わり、他の子も学習が理解できるように動くようになっていきます。**子どもはどんな声をかけてもらえたら、安心するかを考え、まずは教師から行動してみましょう。**

教師から働きかけて安心する場をつくろう

ひとくちメモ

この教室なら安心して過ごせるなと感じない限り、子どもは成長に向けて動きません。子どもの言動から本当の思いを探りましょう。

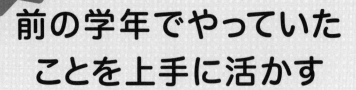

前の学年でやっていたことを上手に活かす

前年度までのルールは一旦横に置いて

　４月、意外と揉めるのがどんなルールでいろいろなことを進めていくのかということです。教師側にこうしていきたいというものがなければ、子ども達は前年度の自分達のクラスではこんな風に取り組んでいたということを主張します。

　単学級でない限りいろいろなクラスが混ざっての編成となりますので、一つひとつ子ども達の声を聞いているとまとまりませんし、どこかのクラスのものを採用すると採用されなかった子どもの中には不満を持つ子もいます。

　だから、僕は「先生のクラスでは、まずはこうしようと思います。やりながら、こうした方がいいなと思うことは話し合っていきましょう。新しいクラス、新しい仲間とともにみんながハッピーになるルールを考えていきましょうね。」と伝えています。

　このように伝えるだけで子ども達は納得します。逆にいうと、教師側が一つひとつ、こうしていくというものを持っていないと、主導権を子どもが持つことになります。経験を重ねた上で、子どもに任せながら進めることはよいと思いますが、まだ経験が浅くて不安もある場合は教師が主導権を持っていることを明確にするとよいですね。

　ただ、自分でアイデアがないことや考えていなかったことは前年度のものを上手に活かしていけばよいでしょう。

僕は、毎年、係活動は前年度のものを聞いて活用しています。僕自身にあまりアイデアがないからです。2学期からは、話し合いながらより必要なものを考えていきます。

どのように係を決めるのか

　係には、男女が必ず混ざっていなければいけないことを告げます。あとは前年度のものを黒板に書き出し、ネームプレートを使って自分の所属したい係を決めます。仕事内容ではなく仲のよい友達と一緒になるようにと相談して決める子がいます。そうならないように事前に係活動と当番活動の違いを説明し、自分の興味があるものを選択するように促します。

　しかし、それでもこだわって友達と離れられない場合は、一旦、それを認め、子ども達がそうしたことにこだわらず活動できるようになった頃に4月を振り返り、「成長したね」と伝えるようにしています。

当番……なければ学級が困る活動。（給食や掃除、委員会活動など）
係………なくてもよいが、あると学級生活が楽しく、よくなる活動。

　教師の思いを通すことと子どもの現状を理解し臨機応変に取り組みやルールを変更することのバランスが大切ですね。

ひとくちメモ

　一度は、何事もどのようにしたいのか考えをもっておきましょう。そうした上で、そこに拘らず子どもの状態に合わせ柔軟に考えましょう。

自立に向かっていこう

まずは他律から自律、自立

　教室で落ち着いて学習する姿が増えるなど教室に安心を感じられるようになったら、次は、他者の力やルールを借りて集団のためにも、自分の成長のためにも動いていこうと話します。その際には、「自由」と「自分勝手」の違いを考える機会をつくります。

　右側は、その時の学級通信です。こうして、「自由」と「自分勝手」が違うのかなと考えるようになれば、内省が始まります。この後は「今のは自由？　それとも自分勝手？」と問うだけでも変化します。自分で考えられるようになれば、自律に向かうようになります。さまざまなルールがある中で自分を律することができます。

　その先は、自立です。「ルールがない場面でも自分で考えて、自分をコントロールできるといいね」と子どもに話しています。しかし、これは何でも一人でしましょうということではありません。自分一人でできることには限界があるので、自分一人でできることの限界を知り、周りに助けを求める力も必要です。この段階になれば、子ども達が問題を何か起こしたら、「どうしたの？」と問うだけでなく、「どんな助けが必要だった？」と尋ねるようにしています。問題を解決する時にも、「自分たちで話し合う？　それとも先生も入ろうか？」と話すようにします。そうすると、自分一人の限界も感じられるようになります。

ルール頼りから自立へと促す

倖せのバケツがいっぱいのクラス

5年3組
学級通信
第28号

自由と自分勝手（無責任）のちがいを考える

　２日前、４月から作ってきたルールをなくしました。当番もなくしました。ずっとこうしていくつもりはないけれども、ルールがなくなるとどうなるのか、みんなも体感しながら考えるといいなあと思っています。実はルールに守られていることもたくさんあるということを気付く人もいるかもしれません。こうしてやってみると、自由に動けている人と自分勝手に動いている人がいることに気付きます。あなたはどちらの人でしょうか。

　普段、多くの人はすぐに「自由にしたい！」と言います。しかし、先生にはみんなが自由の意味をはき違えているのではないかなあと考えています。みんなは「自由」ではなく、「自分勝手」なのではないでしょうか。

　実際、ルールが無くなると給食時間に誰がおかわりするのか、どのようにおかわりするのでももめたり、食べている最中も自分が楽しむことに必死で一部の人がみんなに声を掛けても聞いていなかったりします。これは、その時間に自分勝手な人が多いからではないでしょうか。給食の時間を一人も漏らさずみんなが楽しんで過ごすためにみんなは責任があります。その責任を意識できない人を自分勝手といいます。

　昨日の朝の会は「自由にしましょう。」と先生は声を掛けました。そうすると次の４つのパターンに分かれました。あなたはどこにあてはまりましたか？

①自分の目的をもって、何か動いた。
②先生の顔色や周りの空気を読んで、何か動いた。
③先生の顔色や周りの空気を読んで、何も動けなかった。
④何をしたら良いのか分からず、何も動けなかった。

　さて、みんなは、なんのために学校に来ているのでしょうか？そこを考えていくと良いと思います。それがないと、いつも人の顔色や空気を読んで動くことになります。そんな風に勉強をしたり、行事に取り組んだりしても力はつきません。もっと自由に、自分達がしたいことを取り組んでいけるといいなと思います。自分勝手ではなく、自由にです。そのためには、どの方向に向かっていくのか今の段階で良いから目標をつくることです。目標はその都度、変えても構いません。

　先生は学級通信１７号で学校にきて育ててほしい力について伝えました。（ヘルプ力　＋　つながる力　＋　失敗に強い力　＝　協働的課題解決力）これは、先生が学校で学んでほしいと思っている力です。あなたは、どう考えていますか。

　何のために学校にくるのか。それぞれが考えながら、今日は学級目標を決めたいと思います。

子どもを叱る時に心がけること

YOU MESSAGEより I MESSAGE

　僕が子ども叱る時に一番心がけていることは「YOU MESSAGE ではなくI MESSAGE を使う」ということです。

① YOU MESSAGE とは？

　社会的な目線で子どもにメッセージを伝えること。「そんなことをしていたら、社会で通用しないよ」など。

② I MESSAGE とは？

　自分やその子に対して愛する存在はどう感じているのかメッセージを伝えること。「そんなことすると先生は悲しいな」など。

　あなたは子どもを叱る時に、どちらの言葉を使うことが多いですか。①で伝えても、子どもの心には響きません。叱ったことが「また言ってるわ。」と感じてしまってはお互い損するだけです。心に響かせるには②で伝えていきます。僕は、子どもが授業中、話を聞いていなければ、「そんな風に聞かれると授業をしている先生はやりにくいな。せっかく一生懸命話しているのに嫌な気持ちになるよ。」とストレートに伝えます。ダメなことをダメだということを伝えることで、子どもの中に行動の基準ができます。その結果、子ども達は行動を選択できるようになります。

ダメなことを伝えることも愛

　何でも子どもに考えさせることを大切にすることはいいことですが、子どもが見えている世界は狭いことも確かです。自分の行動がどのように他の人に影響を与えているのか見えていないこともあります。そこは教師がしっかりと指摘して、伝えてあげることでその子と周りの子どもとの関係もよくなり、教室で生活しやすくなります。

　どのように叱るといいのかわからないという人がいますが、感情的になる必要はありません。どのように自分が感じたかを伝えればいいのです。そうすることで子どもも自分の行動がダメだと気づき、正すようになっていきますね。

叱る時は「I MESSAGE」でどう感じたかを伝えよう

ひとくちメモ

叱る時は、どのように感じたのかを伝えます。しかし、それは感情的に伝えることではありません。どう伝えたら子どもに届くか考えます。

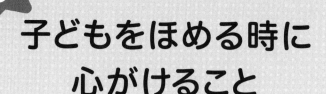

5 子どもをほめる時に心がけること

どんな言葉が子どもの心に残るのか？

　教師がほめる時に気をつけないといけないことがあります。

　それは、「○○さんは姿勢がいいね。」と言って、周りの子の姿勢を正すためにほめるという行為を選択することです。この行為に効果がないとは言いません。実際に、周りの子は姿勢を正します。しかし、このようなことを繰り返していると、子どもは教師の評価ばかりを求めて動くようになります。また、教師との関係が悪くなるとこの指導は効果が出ないばかりか、子どもがより反発をするようになります。

　僕は子どもにどんな言葉をかけられると嬉しいのかを聞いてきました。

- 自分が頑張っていることを認めてもらえた時
- 自分の頑張りで他の人に影響を与えているとわかった時
- 先生が感動している時

　こうしたことを満たすためには、日々、子どもの言動に注目しておく必要があります。**少なくとも表面だけに注目して声をかけていてはいけません**。僕は、こうした子どもの内面に気づくように子どもと日記を交換しています。あなたも何か子どもの内面を知れるツールを準備するといいですね。

認め合う関係が広がるように

　子どもの心に残る言葉は、子どもとの関係だけに効果が出るのではありません。子どもは嬉しいことは保護者にも話します。保護者との関係をつくっていく上でも大切ですね。

　僕は、日記に子どもが「○さんが頑張っている姿をみて、私もやる気になりました。」というようなことが書いてあった時に次の日に学級通信にそれを載せたり、全体の前で伝えたりします。内容によっては子どもの日記に書きます。

　するとクラスで日記にそうした友達の頑張りを書く子が増えます。お互いのよさを意識して見るようになれば、教室の空気はどんどん温かくなりますし、子ども達のつながりも深まっていきます。

子どもの変化に敏感になれる教師を目指そう

ひとくちメモ

ほめることは大切ですが、子どもの小さな変化に感動できるといいですね。「子どもは教師の言うことを聞いて当たり前」と思っていては、感動はできません。

子どもの関係を
つなげていく

自分の安全基地を増やしていこう

　子どもが特定の友達とつながっていることをよく思わず、「いろいろな子と関わりましょう。」と言う場面を見かけることがあります。しかし、これは全くの逆効果の声かけです。

　子どもが特定の友達とだけつながっているのは、不安だからです。不安を解消するために一緒にいるのに、それを引き離されることは痛みを連想します。痛みを避けようとして、子どもはより特定の友達に執着します。

　そうした時、僕は子どもにこのように声をかけます。「その友達との関係は大切にしないといけないよ。大切にするといっても、この1年で喧嘩することもあるよね。その時には、距離と時間を置く必要があるよ。喧嘩は距離と時間が解決してくれることも多いからね。そのためにも自分のつながりをいろいろなところにつくるといいね。そうしないと喧嘩の時、余計に関係がこじれちゃうからね。」

　子どもの関係をつなげていく時、子どもが安心を感じられるようにしていくことが大切です。こうした言葉かけを繰り返すことで、子ども達は少しずつつながっていきます。もちろん、そのつながりの機会が増えるように、ペアトークや学級でゲームをしたりする機会を増やします。少し意識するだけで、特定の子だけでなくいろいろな子と関わる姿が教室に増えていきます。

全員と仲良くなんてなれないよ

　4月に子どもにいうことは、「全員と仲良くなれなんていいません。でも、全員と協力できる関係にはなってね。」と話しています。

　高学年の子どもは、無理を言ったら挑戦しません。これまでうまくいかなかった子どもの気持ちに共感を示していくことで安心して取り組めます。友達同士でつながれない場合は、まずは教師という安全基地がその子にできれば、その安全基地を元に関係を紡いでいけます。

　子ども同士がつながっているかを見る時の基準として、何かグループをつくったり、集合写真をとったりした時、男女の混ざり具合や特定の友達のつながりにこだわっていないかでわかりますね。全体的に混ざれていない場合は指摘はしますが、無理に動かしたりはしません。子ども達が教室に安心を感じられていないんだなという指標にし、他の場面での取り組みを考えましょう。

子どもが安心できる関係をつくっていこう

ひとくちメモ

教師の勝手な思いで子どもを引き離したり、つなげようとしたりすると子どもと教師の関係も悪くなるので注意しましょう。

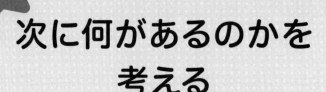

次に何があるのかを考える

先からいまを考えるとは？

　子どもには、常に「先からいまを見よう」という話をしています。この後を予測して、いまの行動を考えるということです。これができるだけで子ども達の行動のスピードが変わってきます。

　その授業が終わり、休み時間が始まります。休み時間の始まりは、次の授業の準備を先にします。そうすれば次の時間の始まりのチャイムですぐに授業には入れます。

　雑巾やほうきを次に使いやすいように綺麗に片付けることは、次の日の掃除がすぐに始められることにつながります。授業始まりの礼が終わって着席したら、話を聞く姿勢をつくります。日本では、靴を脱いだら出船に揃えるように、文化としても「先からいま」が根づいています。

　このように先からいまを考えて、行動できるようになれば、スムーズに物事が進むようになります。スムーズに進むことの気持ちよさを子どもが感じられるようになれば、子ども達はどんどん自分達から動くようになります。

　ほかにも、靴をなぜ踏んではいけないかを教える時も「先からいま」で伝えます。「いま、地震が起こるかもしれません。その時に靴を履き直していたら遅いよね。」と伝えています。理由もなしに、「とにかくやろう」では子どもだって納得できません。

時間泥棒にならない

　時間を意識するよう、話す時に時間泥棒にならないように伝えます。人の時間を奪うと返すことはできません。チャイムがなってから授業が始まるまでの時間や教師が作業をやめてこちらを向きましょうと言ってから向くまでの時間などをタイムウオッチで計測して、板書していきます。1日で合計するとけっこうな時間になります。

　子ども達には、学校にくる日にちが約200日だから、その時間に200をかけて計算するように伝えます。「それだけの時間を奪うのか、それとも自分で意識してコントロールし、余った時間、みんなで遊ぶ時間などにするのかは一人ひとりの意識次第だよ」と伝えます。

　やはりここでも可視化をすることで、子ども達は時間を意識して生活するようになります。

何のためにやるかを子どもに伝えよう

ひとくちメモ

ただ「やりましょう」だけでは子どもは納得できません。何のためにそれをするのか、子どもが納得できるように伝えてみましょう。

音を体感できるようにする

声づくりで授業も変わる

いまからここに書くことは伝わりにくいことです。声の張りや大きさは文章では表現できないからです。

子どもには、「歌声があるように人に伝える時の声があるよ」と話しています。普段よりトーンの高い声です。**この声が理解できるように授業を少しの時間、地声で行い、地声だと相手に伝わりにくい声だということを実感できるようにします。**

トーンの高い声を指導するのは、声を出す全ての場面です。とくに４月は丁寧に何度も行います。全体で「おはようございます」と子ども達と挨拶を交わす場面では、教師がまず「おはようございます」と言います。そして子ども達が言う時も一緒に「おはようございます」と言います。そうすることで教師の声がスピードや声の大きさの基準になります。これは音読でも同じです。全体での声のトーンが高くなっていくと話し合いもスムーズに進むようになります。それだけで話し合いに集中できる子、意欲的に参加できる子が増えますね。

静かをつくりましょう

教室で「静かにしましょう。」と声かけをしますが、静かというものがどのようなものなのかを体感したことのない子がいるかもしれない

なと考えたことはありますか。

　家庭によっては、常に音が溢れ、静かな環境を経験したことのない子もいるかもしれません。ですから、最初にクラスみんなで静かな音を聞きに行くことをしています。

　「みんなは漫画などにある『シーン』っていう音を聞いたことある？」と尋ねます。「いまからその音を聞きにいきましょう。」と校舎の一番端でその音を聞きます。その音を聞いて自分の心はどんな風になるのか尋ねます。

　こうして一度、静かなよさを感じたら、授業の始まりに「静かな中で音を集めてみよう。どんな音が聞こえるかな？」と言って１分程度、深く呼吸を整えます。

　こうして静かをクラスみんなでつくれると、子ども達の集中力も変わってきます。静かなのは気持ちがいいものだと感じた経験がなければ、人は静かにしようとは思いません。

心地よい声の大きさや静かな環境を体感できるようにする

ひとくちメモ

　教師自身が心地よい声の大きさなどを体感することで、子どもにも同じように感じさせてあげることができます。

9 相手の立場で考える

一人ひとり感覚が違うことを自覚できるように

　教室には多様な子がいます。それだけに感じ方はそれぞれですが、子どもはそれを理解しないまま、自分と同じように他の子も感じると考えている子もいます。

　クラスみんなでドッジボールをした後には、「ドッジボールが好きな人？　苦手な人？」と聞きます。クラスには、いろいろな子がいて自分が楽しいと思っている活動を苦手だなと感じている子がいる。**でも、みんなが少しずつ譲り合って、理解しあって、教室のいろいろな活動は成立をしていることを子どもに知らせます。**このような話をすると次のドッジボールをする機会には、苦手だと感じている子にボールを回したり、楽しめるように声かけをしたりする子がでてきます。

　右の学級通信にあるようにそれぞれの感覚が違うことを知らせることはよくします。また、誰かが何かをできるようになった時、その裏でほかの誰が支えていたのかを丁寧に学級通信で紹介することもします。

　そうすると、自分の行動は友達にどのような影響を与えているか考えるようになり、子ども同士の支え合いが増えます。実際、2学期になる頃には、何か問題が起きても友達同士で話し合いを進め、解決できるようになっていきます。それは、お互い感じ方が違って当然だと理解し、この問題では相手はどのように感じたのかを考えられるようになるからです。

感じ方の違いを理解する

<table>
<tr><td>倖せのバケツがいっぱいのクラス</td><td>5年3組
学級通信
第7号</td></tr>
</table>

人それぞれの感覚がある

　突然ですが、あなたは高い所から下を見るのができますか？先生は高所恐怖症なので脚立の上に立つのも結構、勇気がいります。小さい時はジャングルジムの上でさえ、怖かったです。高い所なんて平気だよという人もいれば、先生のように苦手だよという人もいます。その人に対して、「怖がるな」という言葉はなんの意味もありません。こういう風に感覚は人それぞれ違います。

　これは「高い所」に対してですが、「　　　」の中には、発表や人間関係、漢字、計算というものも入れることができます。例えば、漢字をパッと見てどんな形かわかる人もいれば、よく見ても形を捉えられない人もいます。それは人によって違うわけです。それに対して、「気持ち次第でなんとかできる！」とは先生は言えません。だから、どうしたら一人一人が教室で心地よく過ごせるのかを真剣に考えています。

　では、こんな2人の人がいました。あなたは下の2人に対して、それぞれどう思いますか。

①その人の役割なのに高い所に面倒だから、「登れません」と言った。
②その人の役割なのに高い所が怖いから、「登れません」と言った。

　さて、2人に「なぜ登らないの？」と聞いたとしましょう。すると、1人は嘘をつき、2人とも「怖いから」と言いました。この嘘をあなたは見抜けますか。先生は無理です。だから、「さぼりたい」という理由で、「私は無理です」とは言わないでほしいなぁと思います。なぜならそれは、本当に苦しんでいる人を余計に苦しめることにもつながるからです。

　先生はみんな一人一人、感覚が違うと思っています。先生は高い所が苦手だし、じっと体を止めるのも苦手です。苦手の中には努力で克服できるものも、できないものもあります。だから、何でもかんでも「頑張れ！」と先生は言いません。クラスみんなでどうしたら一人一人にとって居心地の良いクラスになっていくのかを考えていきましょうね。

キラッと光る素敵な姿

Aさん
　友達が準備するのが間に合っていない時に人が気付いていない所でそっとフォローしてるね。
Bさん
　ペアで話をする時にスムーズに話始めてるね。1週間で発表もすごく増えましたね。
Cさん
友達に声をかけるなど、自分にできることを探してくれてるね。その気持ちがクラスに広がると嬉しいね。
Dさん
　宿題のやり方を工夫してるね。こうしたノートを見ると、やる気を感じます。

朝の会と帰りの会

毎朝、5分でできること

　僕の勤務する学校では、朝、登校してきたら提出物を提出し、子ども達は自由に遊びます。8：25になると予鈴がなります。そこから8：30までは朝の会までの準備時間です。この5分で子ども達がすることは次のようなことです。

①班での宿題チェック　⇒　②1時間目の授業準備　⇒
③自分の身の回りの整理整頓　⇒　④教室の整理整頓や掃除

　5分でもできることは多くあります。**最初の指導は、授業中の5分を使って、実際に子ども達と朝できることをシミュレーションします。** 子どもに話していることは、「日々、整理整頓をしている人は朝から人のことまでする余裕が生まれます。人のことをしたらわかるけれども、その行動は人のためにもなるし、実は自分の心がスイッチオンになり、自分のためにもなります。」ということです。4月はこの時間に何ができたのかを数人に聞いて、頑張っている子を学級通信で紹介します。こうしてよい動きはみんなで共有することで、実行する子が増えます。何よりそうして目立たない行動を全体の前でスポットを当て、光らせるのが教師の役割でもあります。

　実際の朝の会は8：30～8：45まであります。うちのクラスでは、「自由」が多いです。朝の会にできることを子ども達と出し合い、自

分で選択して行います。「自由は責任とセット」ですから、人に迷惑をかけるような声のボリュームを考慮して、学習の定着、その日のテストなどに合わせて何をするのか考えたりすることを求めます。

時々、朝の会に何をしたか、それをなぜしたかを書くことを日記のテーマにします。こうすることで自分の行動を考えるようになります。なぜいまこれをするのかということを考えて選択しながら動く機会をつくっていくことです。そうするとだんだんと自分のやりたいことを選択できる子になっていきます。

帰りの会は？

昔はいろいろとしていましたが、いまは連絡帳と日記を書いて、書けた人から帰ります。あっさりしたものです。居残り勉強は子どもから言ってこない限りは絶対にしません。強制的に残して学んでも効果がでないどころか、勉強嫌いになるからです。

ただし、帰りの会の子どもの表情はよくチェックしています。何か普段と様子が違えば、こちらから「どうしたの？」と声をかけます。そうすることでその日のうちに話し合いができ、スッキリして帰ったという経験も多くあります。

できればその日にあったことはこちらで把握し、必要があれば保護者にも連絡します。子どもの抱えている悩みや問題を保護者と共有することは大切なことです。子どもは気持ちを聞いてもらえるとそれだけでスッキリすることもあります。

ひとくちメモ

どの場面も自分で何ができるのかを考えられるようにします。自己決定したものを否定はしませんが、アドバイスはします。

給食指導の 始めとルール

給食指導で大切にしていること

- 無理には食べさせない。最初に食べられる量に減らす。
- おかわりは先生がいる班から。残りを他の班の人で。
- 給食の配膳時間は休み時間ではない。何をして過ごすか考える。
- 食事中は外食に行ったことをイメージする。マナーがある。
- 食べ終わっても勝手に立ち歩かず、机でできることをする。
- 食事が終わっていない人は5分前になったら無言で食べる。

　給食当番が配膳をしている間、子ども達は読書をしたり日記を書いたりするか、それだけでなく配膳を手伝うこともOKです。配膳が終わると食べ始めますが、まずは量を減らしたい人が減らします。この時に僕は子どもが減らす様子を見ていません。「先生は無理に食べさせないから、学校が行くのが楽しい。」という言葉を子どもにもらったことがあります。こちらが思う以上に食べることを苦痛に感じ、学校が嫌だと感じる子もいるようです。

　その後、上記のルールに従って給食を増やします。1学期前半は僕の方で声かけをして増やしていきますが、後半からは自分達で行います。もちろん初めは時間もかかり、うまくいきませんが、失敗から学び改善していかないといつまで経ってもうまくできるようにはなりません。

子ども達が食事中騒がしくなったら、2つのことを聞きます。1つは、「家でもそんな風に食べているの？」。もう1つは「野外でバーベキューをしているんじゃないよ。レストランで食べる時はどんな声の大きさ？」。家などでしないことは学校でもしないことを伝え、どうすればどの子も気持ちよく食事ができるのかを考えるように伝えます。そうしていけば、自分でその場に合わせた行動がとれるようになっていきます。

　このようにすると給食場面だけでなく、ほかのさまざまな場面でも、その場に合わせて動く子どもの姿が見られるようになります。

体感できるように

　給食調理員さんが給食を作っている様子を4月や6月、12月に必ず見に行くようにします。暑い中窓を締め切り作ってくださっている姿、寒い中水で野菜を洗っている姿。そうした姿を見るだけで違います。そうした姿が見えないので、好き勝手に残すだけなのかもしれません。こうしていつも考える時の材料を与えていくことで、多面的に考え、自分の行動について考えられるようになります。

ひとくちメモ

食事をするということは本来楽しい時間です。その時間がどうしたらより楽しくなるのか、子どもと一緒に考えましょう。

掃除指導の始めとルール

掃除は気持ちいいということを体感できるように

　掃除は気持ちいいものだ、ということを子どもは体感しているのかなあと考えることがあります。それができるようになるには１時間目の５分を使ってみんなで掃除をしてみることです。

　これはどんなことを指導するときにも使えるポイントですが、時間を変えるのです。掃除時間の指導は掃除時間にするのではなく、時間を変えて指導するのです。それだけで、子どもは非日常感を感じますし、教師も落ち着いて指導することができます。

①やる前の空気を深呼吸して感じる。心の状況も感じておく。

②掃除を５分する。窓を開け、無言で行う。道具がない人は整理整頓でもよしとする。

③終わった後の空気を深呼吸して感じる。心の変化をペアで話す。

　これだけでも掃除をすると心がスッキリすると感じる子が増えます。また、一人ひとりが掃除道具を大切に使えるようにビニールテープで誰が使うほうきかをはっきりさせたり、誰の雑巾かわかるように雑巾の置き場所を決めたりします。

　そして何より大切なのは、教師が掃除好きだということを示すこと。掃除時間に誰よりも熱心に取り組む姿を見せることです。授業前も、教室が散らかっていたら１分でいいから整理整頓の時間をとることです。そうして教師が掃除をすることを意識して過ごせば、整理整頓さ

れた綺麗な状態が子ども達にとっても普通になっていきます。そうなれば、教室は常に綺麗な状態を保つことができます。懇談会でも、「教室が綺麗ですね。」とよく言われるようになります。それだけ保護者の方も気にして見ている方は多くいるということですね。

当番は1カ月交代で！

　給食当番も掃除当番も1カ月は同じ場所を行います。1週間交代が多いですが、それでは、子どもに仕事が定着する前に交代しないといけません。1カ月にすることで、仕事も覚え、素早く取り組む姿が増えます。そうすると教師の指示や指導が減り、プラスの声かけが増えていきます。

掃除をすると気分がよくなることを実感できるようにしよう

ひとくちメモ

掃除も子どもにとって「快楽」を連想する行為になれば、どんどん進んでやるようになりますね。「痛み」に感じることにしてはダメです。

宿題指導の 始めとルール

宿題を授業中にしてみよう

　宿題を「学年×10分」を目安に出しています。以下が大体の宿題です。

①漢字ドリル　②計算ドリル5問程度　③音読5分程度
④自由勉強 (①〜④の合計で60分になるように調整)

　3回は学校の授業時間に宿題をやります。その中で宿題の取り組み方を指導していきます。**こうして集中してやればどれくらいの時間がかかるのかを教師は見て宿題の量を調整できますし、子どももその年の宿題の取り組み方を理解できます。**

　僕のクラスでは、①と②は自分で丸付けをします。①は新出漢字のところは僕が丸付けますが、ノートに書いてする分は子どもが丸付けします。ちゃんとかけているのかについては毎日の漢字テストでできているかを見ます。そうしてよく見て練習する習慣がつくことをねらいとしています。②も自分で間違ったところをすぐに直せるようにと、答えをもたせています。

　答えを写すだけで取り組んでいる子には、個別で呼び話を聞きます。それはなぜそうなるのかを分析するためです。一見、さぼっているようでもつまずきがある場合が少なくありません。その場合、しばらく

は答えを写してもいいことを伝え、自由勉強で取り組むことを伝えたり、プリントを準備したりします。

　こうして宿題のやり方を丁寧に伝えたり、宿題を個別にアドバイスしたりすることで宿題をやってこない子はいなくなります。

　これまでも、５年生だけど３年生のドリルに取り組む子もいましたし、受験を控えている子には②と④を免除したこともあります。ほかの子達にも、なぜそうするのかを丁寧に説明します。一人ひとりの声を聞きますので、それに対して「せこい」と言って怒る子はいません。

　子どもを追い詰めるための指導は要りません。その子が少しでも学習に前向きになれるように、その子の声を聞いてあげることが大切ですね。

宿題にかかる時間を教師が把握しよう

ひとくちメモ

宿題をチェックする側の教師もどこに時間をかけるのか考えましょう。一生懸命しているつもりで子どもをダメにしていませんか。

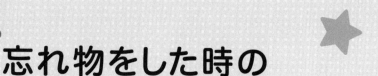

忘れ物をした時の指導始めとルール

忘れたことは叱らない

　忘れ物をしても僕は叱ることはありません。たとえば、筆箱を忘れたら筆箱を貸し出します。叱るのは、授業が始まってから忘れたことを言いにきたり、筆箱なら中の使った鉛筆を削らずに返した時です。

　借りたものを返すときは元の状態よりも綺麗にして返すように指導しています。忘れたものをいう時には、できるだけ早い時間、教師がバタバタとしていない朝の時間や休み時間に告げるようにと伝えています。

　宿題忘れもその日の何時間目までに仕上げてきますと伝えるようになっています。休み時間に友達と話していたり、友達も宿題に取り組んでいるのに近づいて行ったりしたら叱ります。

　宿題忘れが何度も続く時には、何か原因があります。その原因を取り除くことが大切で、叱ってできるようになるのなら数回叱ればできるようになります。数回叱っても忘れるのなら、何かしらの原因がその子にあるのです。それを教師がしっかりと考えなければいけません。

　必要なものは前日ではなく、１週間ほど前から２、３回伝えるようにしています。もし、何か持ってくるものを前日に伝えたのなら、忘れ物を何人かしてくることは普通ですから、イライラすることもありません。

忘れる生き物

　ここまで読んでわかるように僕は、人は忘れ物をする生き物だと考えています。だから忘れ物をなくすことには執着していません。子どもによっては準備したくても、できない環境で生活をしている子もいます。そうした多様な環境で生活している子ども達にどの子も一律に同じようなことを求めてはいけません。

　大切なことは、忘れた時にどのように動くのかです。それを丁寧に指導します。そうしていると不思議なことに子どもの忘れ物は気にならなくなり、減っていきます。

忘れたらどうすればいいかを丁寧に指導する

ひとくちメモ

忘れるにも理由があります。その理由は教師からは全ては見えません。忘れ物をなくすより、忘れたらどうすればいいのかを指導しましょう。

友達ともめた時の指導

自分達で解決していけるように

　人間の持っている悩み事のほとんどが人間関係といわれています。それは、子ども達も同じです。**子ども達が喧嘩をしたら、4月は授業時間を潰してでも全体で話し合います。**手順は以下の通りです。

①まずはそれぞれの言い分を聞き、板書していく。一方が話している時は途中で入らせない。「あとで聞くからね」と伝える。
②当事者は一旦クールダウンさせる。板書を見て、どの時点でどうしていたら（当事者、周りの支援）解決できていたのかをクラスで話し合う。
③最後に、当事者が感じたことを話し合う。

　何度もこのように話していくうちに解決方法を選択するように尋ねます。「①自分たちで話し合い、先生に報告する　②先生に入ってもらって話し合う」こうして、自分達で話し合いができるようにしていきます。どんな人も間違いを起こします。そのことで僕の評価は変わりませんし、間違ったことをするにはするだけの理由があります。そのことを友達同士の中でも考えられるようになってほしいと思い、僕は右のようなメッセージをよく子どもに伝えます。これを繰り返す中で子どもは自分の悩みや苦しみを教師に表現するようになります。

安心できるメッセージを伝え続けるのがポイント

倖せのバケツがいっぱいのクラス	5年3組 学級通信 第17号

どちらの自分を出すのか？

　先生の中には良い自分も悪い自分もいます。どちらも金大竜なのです。だから、先生は良い部分も悪い部分もあります。これは、どの人も同じです。あなたも。

　人は強い生き物ではありません。だから、その時の気分やまわりのムード、自分を取り巻く環境によって悪い部分が出てくることもあります。それは誰だってそうなる可能性はあるのです。寂しかったり、怖かったり、緊張したりして心が疲れると、その疲れを癒すために悪い部分を出してしまうこともあります。

　先生は、あなたが良いことをしても、悪いことをしても、変わらず大好きです。どちらのあなたもあなただから大好きです。先生は、間違ったことを言ったり、間違ったことをしたり、おっちょこちょいな所もあります。だから、あなたを傷つけてしまうことや寂しい思いをさせてしまうこともあります。しかし、あなたが大好きだと言うことは本当です。あなたのことを誰よりも信じています。あなたが何回ミスしても、先生はあなたの応援団長であり続けます。

　そんな先生からみんなへ伝えたいこと。「ゆっくりでいいから良い自分も悪い自分も受け入れて、どっちもふくめて好きになりや！」

自分に合っている落ちつき方も人それぞれ・・・

　昨日の道徳では、「自分に合った落ち着き方を見つけよう」という話をしました。人はひとそれぞれ感覚がちがいます。だから、昨日はそれぞれ、どの方法だと自分は落ち着くのかを実験しました。

①良い景色の写真を見る。
②可愛い動物の写真を見る。
③ふわふわのぬいぐるみをさわる
④アロマの香りをかぐ
⑤テントに入る

　他にもいろんな方法があると思います。今、先生は自分の机を教室から出し、そこに畳かマットを敷いて、地べたで座って会話できたり、大勢で学ぶのがしんどくなった時に少し休憩できたりするようにしようかと考えています。教室はルールがあります。そのルールによって、みんなは教室で学んでいます。それはそれで大切なことです。でも、先生はもう一方で「一人一人が帰ってきたくなる教室」「一人一人が心安らぐ教室」を作りたいと思っています。あなたにもアイデアがあれば、教えてください。ぜひ、先生だけで作るのではなく、みんなで作っていきましょう！！

みんなの日記より

Aくん

　ぼくの今日一番の学びは、道徳の落ち着き方についてです。ぼくはきれいな音、音楽が一番落ち着きました。話し合いをしているとこんな意見があるんだなあとも思ったし、人それぞれ違う意見があるんだなあと思いました。これから落ち着かない時には、きれいな音楽や音を聞いて落ち着こうと思いました。

子どもがやりたくなるようにもっていく

決めたルールをなくしていく

　1学期の途中でつくってきたルールをなくすことがあります。たとえば、給食の時間のおかわりを自由にすると、いままで起きなかった喧嘩が起こります。いろいろな場面でルールがなくなると、これまでスムーズにできていた場面で喧嘩が起きます。そんな時、子ども達が「先生、ルールをつくってください。」と言ってきます。不思議なものです。

　子ども達は日々、ルールを面倒だなと感じることはあっても、ルールに守られて生活していることに気づいていません。そのことを実感するためにも、ルールをなくすことがあります。

　そして、子どもに「ルールがつくられるのは自分で考えて動かない時です。先生なら給食を食べ終わる5分前の無言タイムなんて嫌です。あんなルールはなくしたい。でも、多くの子がこのルールがないとダラダラと食べ、調理員さんに迷惑をかけるからです。この教室から一つでもルールが減ったら成長している証拠です。」と話しています。

温かいお湯を準備する心を

　冬の掃除の後、バケツにお湯を張っておいてあげます。掃除で冷えた手を温めるようにです。子ども達がバケツに手をつけて「ああ。幸

せ。」という表情になるのは本当にかわいらしいものです。

　掃除の後、このような用意をしておいたらどうでしょうか。子ども達はいまより一生懸命に掃除に打ち込むのではないでしょうか。それとも、もっと頑張れと声をかけたり、叱ったりすればやるようになるのでしょうか。それは全くの逆効果だと少し考えればわかりますよね。

　掃除でお湯を準備してくださいと言っているのではありません。なぜ、自分の中からこうした発想が出てこないのかを考えるのです。**子どもがやりたくなるようにするにはどんな取り組みや声かけをすればよいのか自分で考えてみましょう。**やはり子どもを変えるのは教師自身の価値観です。

　この本に答えがあるのではなく、答えはあなた自身と目の前の子どもとの間に転がっているのではないでしょうか。

子どものやる気スイッチがオンになるきっかけを考える

ひとくちメモ

どうすれば子どもの心のスイッチがオンになるのかを考えてみましょう。そうした中であなたオリジナルの実践が生まれてきます。

第 5 章

クラスが絶対まとまる！
子どもに寄り添う
学級づくりのルール12

子どもに寄り添うことで

クラスがだんだんまとまっていきます！

話し方や接し方の重要なポイントをご紹介しましょう。

僕の子ども観

その子はなぜその行動をするのか？

　「いいね！」「頑張ってるね！」「それやっちゃダメ！」「ちゃんとしなさい。」こんな風に教師は自分の価値観で○や×をつける機会が多くあります。ジャッジする際の価値観をぶらさないようにすることは大切だとよく語られますが、ジャッジすること自体がどうなのかを語られることはありません。ジャッジすることが全て悪いと言っているのではありません。**僕は子ども達の表に出ている言動をジャッジする前に、その子がなぜその行動をしてしまうのかを、まずは話を聞きながら、またその行動を観察しながらよく想像することが大切だと考えています。**

　ある子が教師に反発したり、授業を離脱したりする時、やりたくてやっている、サボりたくてやっていると考える人がいますが、そんなことはありません。その子達の表面に出てくる言動はそのまま受け止めるのではなく、翻訳してみましょう。

　少し考えてみてください。掛け算でつまずきのある子が５年生になりました。では、２年生から４年生までどのような思いで授業を受けてきたのでしょうか。教師や友達、周りからどのように扱われ、どのような気持ちで受け止めてきたのでしょうか。そうしたことを経験した先に、「勉強なんかやっても意味ないし……」「めんどうくさい。」

と表面上に出てくる言葉に対し、「何言ってるの。そんなこと言っちゃダメ。」というのは何の意味も持ちません。そうではなく、「今日まで算数の時間、しんどい思いしてきたんやなあ。辛かったなあ。ゆっくりでいいから、一緒にやっていこうな。」と声かけをする方がその子に届くのではないでしょうか。

　6年生を担任していたある日、僕が出張のため、子ども達は社会科の自習をすることになりました。その時、Aさんがトイレにこもり、30分ほど出てこなかったそうです。次の日、出勤して教室で子ども達が書いた日記を読んでいると、「Aさんは5年生までもそうだったけど、勉強がいやだからってトイレに立てこもるのはよくないと思う。6年生になって変わったと思っていたのに……」という内容を何人かが書いていました。そして、Aさんの日記には、「社会の授業が嫌でトイレにずっといました。」と正直に書いてありました。
　その日の1時間目は、この話を子ども達としました。「自習が嫌でトイレにいたことは×だよね。」と話し始めました。「でも、Aさんはトイレで授業を受けていない自分をどんな風にみているかわかるかな?」と子ども達に尋ねました。「Aさんはそんな自分を歯がゆく思ったり、自分のことを責めたりしているんだよ。そんなAさんに『あなたダメだよ。』って先生は言えないなあ。それにね、Aさんはね、温かい愛情に包まれたいんだよね。」と伝えました。これまでのAさんの行動や交換日記から、Aさんがいつも自分を責めているように感じたからです。Aさんは、大粒の涙を流していました。

どの部分にスポットを当てて見ているのか?

　これからいう場面を想像してみてください。
　教室で、「では、みなさん立ってください。掛け算の3の段を2回言ったら座りましょう。」と指示をします。子ども達は元気よく3の段を

言い始めます。終わった子から順次、座っていきます。残り数人になりました。立っているのはいつものあの子です。いつものあの子は2回言い終わることなく、言ったフリをしてこっそりと座りました。

　その時、先生は何を見ているのでしょうか。誰ができていないのか、ごまかしている子はいないか。そこを見ることは大切なことかもしれません。しかし、そんなことばかりを見ていないでしょうか。それでは、その教室には、成果を出せたら○、出せなかったら×という価値観だけが広がっていきます。

　僕が気になるのは、最後まで頑張ろうとしたけれども、ごまかして座ってしまった子ではありません。この子は時間の中で精いっぱい頑張りました。ただ、教室の空気が最後まで頑張る力を奪っているだけなのです。
　気になるのは、先に終えたのに座った後、何もしていない子です。その子達が、教師の指示だけをこなした後、思考を起こすことなくぼーっとしていることが気になります。その子達が、座った後、立っているこの子のことも考え、かつ自分が伸びることも考え行動していたら教室の空気はガラッと変わります。
　3の段を繰り返さなくても、別の段でもいいですし、近くの子とペアになり交互に3の段を読むでもいいのです。時間の中で自分のできることを考え、動くことが大切です。そうして時間がかかる子が最後まで取り組める空気をみんなでつくっていけると教室の空気はよくなっていきます。

　さて、このように取り組んでいくとみんなができるようになってきます。その時は、できるようになったあの子への評価よりも先にすることがあります。それは、座った後、工夫して動いていた子ども達です。その子達がつくった空気によって、どの子もチャレンジする空気

が教室に広がったからです。

　誰かの見えない頑張りが教室の誰かを支えていることはよくあります。それを見逃さず、可視化し、実感させてあげるのは教師の大切な役割です。その時には、教師が何を見ているのか、どこを見ているのかが大切なのです。

　教師になった人の多くは学校文化に適応してきた人たちです。だから、学校文化に適応できない子ども達の気持ちがよくわかりません。そうした教師自身の特性も頭に入れながら、まずは教師自身が自分の価値観を見直していく必要があるのではないでしょうか。

自分の価値観だけで○×をつけない

ひとくちメモ

自分の価値観だけで○×ばかりをつけないために、まずは子どもの言動を注意深く観察しよう。そして、**教師自身の価値観も見直してみよう。**

見方を変えれば 全ては成長の道しるべ

教えたはずのことができないのはどうして？

　僕には「この前、教えたよね。」「この前の授業でやったよ。」という言葉を使うことがあります。とくに前に一生懸命教えたのにできなければ余計にです。しかし、この言葉を言った後、（しまった……。）と思うのです。一度できただけで、いや、数回教えたり、経験したりしただけできるわけがないことを思い出すからです。

　何事も、物事が定着するには以下のような段階を経ます。

①知識…………頭でわかっているだけの段階
②技術…………意識すればできる段階
③技能…………無意識でもできる段階

　子どもが教師の想像したように動かなかった場合、その原因は子どもにあるのでしょうか。そう考えると、子どもにばかり変化を求め、教師自身が指導方法を改善したり、工夫したりしなくなります。子どものこうした行動を見つめ直し、その原因は何にあるのかを僕は考えるようにしています。表面に出ていることをそのまま口に出すだけで、子どもが変容するなら、教師という役割は必要ありません。こんな時、さまざまな工夫をするのが僕たちの仕事です。

どのようなことを見直すといいのかな？

僕は次のようなことを見つめ直すようにしています。

①子どもがやってみよう、続けてみようと思う指導だったのか？
②知識が技能になるまで、何度も経験できる機会があったのか？
③子ども同士はもちろん、教師と子どもの関係に潤いがあるのか？
　叱ってばかり、やりましょうばかりでは、子どもとの関係が乾いて
　いく。
④そもそもやりにくい教室環境になっていないか。
⑤子どもの背景に何かないだろうか。

**振り返り、見直すことで進化できるのは教師自身です。見えること
に捉われ、相手にばかり変化を求めていても何も変わりません。**

振り返り、見直すことで進化できるのは教師自身

ひとくちメモ

子どもができない、やらないのにはたくさんの要因があります。それは何かを考え、そこに対応していくことで子どもは変容していきます。

とにかく遊ぼう

子どもの世界に入る

　僕自身は教師になってしたかったことの一つが、子ども達と遊んで楽しく過ごすことでした。**とにかくたくさん子どもと遊ぶことで、子どもとのつながりが深まります**。そうすれば、教室でのあなたの話にも子どもは耳を傾けるようになります。

　クラスの子ども達が休み時間、どこでどのように過ごしているのかを見ていくことで、その子の教室での人間関係が見えてきます。授業の中では見えない子ども同士のつながりや力関係が遊びの中ではよく見えます。

　子どもの世界に飛び込み一緒に遊ぶことで、子どもと楽しい感情の中でつながっていけます。ドッジボールが苦手でも参加して、ボールを避けるだけでいいのです。難しいことを考えずに、その場を笑って楽しむだけでいいのです。楽しい感情で楽しめば、自然と子どもとつながりができ、深まっていきます。先生が笑って、楽しんでいるということの教育効果は大きいのです。

　さらに、遊びの中でルールを守ることの大切さや授業時間の切り替えを伝えることもできます。チャイムがなる少し前に遊びをやめ、教室に戻るように声をかけます。そうしてともに行動することは、教室で説明したり、説教したりすることより何倍も効果があります。

遊び時間を生むために

　さて、子ども達と遊びたいと思っていても、日々の仕事に追われ、なかなか遊べないという人が多くいます。

　その原因の1つが宿題のチェックでしょう。漢字学習は教師が丸付けしますが、それ以外は子ども自身や子ども同士でチェックするようにしています。その方法を2つ紹介します。

①中学年以上なら、宿題の丸付けまでを宿題にします。筆算や途中式を残すように伝え、答えの丸写しを防止しておきます。間違い直しは、その時にする方が効果的ですし、わからないことは次の日、朝から質問に来ることができます。

②授業時間に机の上にノートを開きます。それぞれ赤鉛筆を持って、友達の宿題にコメントを書きにいきます。このことによって他の子の宿題のやり方も参考にできます。

　子どもにはどんなコメントがその人をやる気にさせるかを考えるようにと伝えます。教師は、今日はこの班のコメントを書くと決め、一人当たり週に2回コメントを書きます。

ひとくちメモ

遊びの中で子どもとつながりをつくり、深めれば、授業や生活指導場面にもそのつながりが活きます。子どもと一緒に休み時間を楽しみましょう。

「ちゃんと」を
共有できるように

教師と子どものずれを正す

　教師の思いどおりに子どもが動かない時、教師は「ちゃんとしなさい。」と叱ることがあります。しかし、その子としてはちゃんとしているつもりなら、その子は「どうして注意されないといけないんだ。」と感じます。教師も子どもも「ちゃんと」やろうとしているのに、その基準が違うとお互いが不幸になります。

　ですから、「ちゃんと」とはどういうことなのかを具体的に示すことが必要です。その時には、「視覚化・言語化・数値化」を意識するとよいでしょう。何をどのようにすればよいのかわかるだけで子ども達はスムーズに動くことができ、「ちゃんとする」ということもどういうことかがわかります。

　子どもと教師の「ちゃんと」のずれを直すだけで、子ども達の行動は劇的に変わります。

①視覚化する

　下駄箱の靴、ロッカーのランドセルや掃除道具の入れ方は写真に撮り、貼っておくとよいですね。写真だけではなく、雑巾掛けに雑巾の端を合わせる場所にテープを貼って印を作ったり、机の並べる場所について床に印を書いたりすることもできますね。他にも教師がやってみせるというのは大切な視覚化の一つです。

②言語化する

　朝、学校に来たら何をするのかは話をするだけでなく、画用紙に書き、朝、黒板に掲示しておきます。掃除の手順も写真とともに掲示するとよいですね。

③数値化する

　「起立と号令をかけたら先生が１、２と数えている間に立ちましょう。礼は１、２、３で行います。座ったらその後、先生の話を聞くのだから座った瞬間にいい姿勢で先生と目を合わせます。」

　このように子どもに伝える時は、実際に教師が手本を示しながら具体的な数値を出すことも効果的です。

「視覚化・言語化・数値化」で「ちゃんと」を具体的に示そう

ひとくちメモ

その子が「ちゃんと」やらないのは、あなたと基準が違うだけかもしれない。そのことを自覚して、「ちゃんと」の基準を擦り合わせよう。

5 子どもに寄り添う

あなたの言葉は、その子に響いてますか？

　子どもが目の前で自分勝手な行動をとったように見えた時や問題行動をした時に、教師は感情的に叱ってしまうことがあります。

　世の中には学校文化に適応している子もいれば不適応を起こす子もいます。不適応を起こす子は教師のあなたがあなたの価値観で伝えるだけでは納得できません。

　最初は子ども達は聞いているフリをしていても、このような場面を繰り返すうちにだんだんと「先生は僕をわかってくれない……。」ということになっていきます。

　どんなことが起きても頭ごなしに「何をしてるの！」と言うのではなく、「どうしたの？」と問いかけることです。そして、子どもが理由を話したなら、その後に、その行動をとってしまう感情には YES、行動には NO を伝えます。

感情にはYES、行動にはNO って何？

　以前、こんなことがありました。A くんが友達に注意した時の言葉がきつく、その注意した子とトラブルになりました。「どうして注意したの？」と聞くと、「掃除をちゃんとやってなかったもん。」と答えました。「そうなんや。それに腹がたったのかな？　そうなると言葉

も荒くなっちゃうよな。その気持ちはわかるなあ。そんな感じだったの？」と聞くと「そうです。いつもちゃんとしないから、もう我慢ができなくて言いました。」と話しました。

　僕は、「そうなんや。今日まで我慢してたんやなあ。イライラもたまってたんや。その気持ちはよくわかるなあ。でもね、いくらイライラしてても言い方や言葉が悪いとAくんの本当は『ちゃんとしてほしいな』いうことが伝わらないよ。だから、その言い方はよくないよね。どう言えばいいと思う？　わからなかったら先生がアドバイスするけど……」という風に伝えました。

　まずは、子どもの言い分を聞くことです。そして、その気持ちに共感してあげることです。どんな行動にもその子なりの理由があるのです。それを聞いた上で間違っていると思うことは、間違っていると伝えましょう。

子どもの言い分を聞いて、気持ちに共感しよう

ひとくちメモ

教師側の価値観だけを伝えないで、子どもの思いを聞きましょう。伝えてから聞くのは順番が違います。まずは、共感を示してから伝えます。

自分を大切に
することを伝える

「まずは自分を満たすんだよ」というメッセージを

　道徳の副読本や教科書を見ていて、不思議に思うことがあります。それは、自己犠牲してまで人のために動くことについて美しく描かれている物語が多くあることです。その一方で自分自身を満たしましょう、大切にしましょうという物語はほとんどありません。

　教師が子どもに話す時も同じで、自分を大切にしましょうという話より、人のために動きましょうという話の方が多くなっていないでしょうか。

　僕の教室では、「人のために動きましょう。」とむやみやたらにいうことはしません。人のために動くのは、自分を満たしてからです。自分を満たせていない状況で人のために動いたら、無理をすることになるのでイライラが募る結果になります。

　僕は子どもに伝えることがあります。それは、「まずは自分自身を満たすといいよ。そして、溢れ出るもので友達に親切にしましょう。」ということです。

　人のために動いて、「どうして、お礼も言わないんだ。」「僕はこんなにしてるのに、この人はなぜしないんだ……。」などと少しでもイライラするのなら、一度、人のために動くのは止め、自分を満たすようにするといいねと、話しています。

　無理してまで人のために動く必要はありません。

教師こそ自分を満たすように

　これは子どもだけではなく、教師も同じです。教室という場所は子どもにとっての自己実現の場所、子どもが主役の場所ということがよくいわれます。確かにそうです。

　しかし、教室は教師にとっての自己実現の場所でもあるのです。だから、教師がやりたいことと子どものやりたいことを擦り合わせて、実践していけばよいのです。子ども主体だといって、教師が楽しめない実践をするのは逆効果です。

　どんな教育方法を選ぶかよりも大切なことは、教師が子どもの前で上機嫌でいて、笑顔でいることです。教師自身が楽しんでいることです。教師が我慢ばかりして、子どものことだけを考え、教師自身が楽しめていない実践なら、どれほど素晴らしいといわれるものでも効果はでないのではないでしょうか。

「自分を大切にしよう」というメッセージを発信しよう

ひとくちメモ

「自分を大切にするんだよ。あなたはかけがえのない大切な存在だからね。」とたくさん発信していきましょう。

自分を知ることで
他人を受け入れられるように

どうしたら落ち着くことができるのかな？

　問題行動を起こしたり、落ち着かなかったりする子の多くは、自分をコントロールできないことにイライラしたり、自分を嫌いになったりしているものです。そんな時に教師が教師の価値観で正しいと思うことを言葉で伝えても、最初は聞いているフリをしても、このようなことが繰り返す中で子どもは「先生は僕のことをわかってくれない……」と思い、問題行動がよりエスカレートしていくことがあります。

　そこで、**イライラした時の落ち着き方について、子ども達にいろいろと体感してもらい、探す取り組みをしています**。自分にあった方法を知ることで子どもはだんだんと自分でコントロールできるようになります。準備するものは以下のものです。

視覚…………視覚を遮断するテントに入る　　花や空などを眺める
聴覚…………聴覚を遮断する耳栓　　落ち着く音楽を聴く
触覚…………肌触りの良いぬいぐるみ　　風通しがよい場所に行く
嗅覚…………さまざまなアロマオイルを嗅ぐ

　これらを実際に試しながら、自分の一番落ち着くものを探します。これらは教室に常備しておきます。そうして、実際、イライラした時は自分の落ち着く方法を試すようにと伝えます。

自分と友達の違いを知ることで……

　落ち着く方法は人それぞれ違います。僕はこの違いを大切にしてほしいと考えています。自分の心の落ち着かせ方と友達の方法は違うということを知ることで、人それぞれの感じ方や考え方が違うことを知っていくことにつながります。

　イライラがすぐに解消できる人もいれば、なかなか解消できない人もいます。また、すぐにできる時期やできない時期もあります。そうしたことをみんなで共有することで、イライラしている友達を責めたり、イライラをコントロールできないことは悪いことだと感じたりしなくなっていきます。

　それどころかどうすれば友達が落ち着くのかを一緒に考える場面も出てくるようになります。是非、先生も子どもと一緒に自分がどの方法で落ち着くのか考えてみてくださいね。

子ども達に落ち着き方を模索してもらおう

ひとくちメモ

自分自身を知ることで落ち着く時間が増えるようになります。そうして、自分自身を癒せるようになると他者にも優しく接することができます。

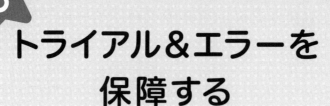

8 トライアル&エラーを保障する

自信って必要なのか？

　授業中に発表をあまりしない子がいます。「どうしたの？」と尋ねると、「自信がないし、間違ったら恥ずかしい。」と言います。この時に考えられる原因は2つです。

　1つは、教室の雰囲気が間違いや失敗が許されない場合です。

　もう1つは、完璧な答えや考えがまとまっていないと発言してはいけないという間違った価値観をその子が持っていることです。

　僕は子どもによく「自信なんて要らないよ。」という話をします。世の風潮的にも「自信のない子どもは自己表現できない。」といいますが、それって本当でしょうか。そうした価値観が発表しにくい、チャレンジしにくい空間をつくり上げているのではないでしょうか。

　教師である僕から、教室ではどんどん自己表現をします。僕は歌や踊りがうまくありませんが、子どもの前でまずは一人で表現します。うまくしようとするのではなく、楽しめばいいのだと子どもに話をすることもあります。

　そして、その時には自信なんて要らないと伝えています。「僕達はプロではないのだからうまくいかなくて普通だよ」と話しています。話すだけではなく、教師自身が率先して、下手でも楽しむ姿を見せるようにしています。こうしたことを繰り返すことで、自信がなくても挑戦する空気が教室に広がっていきます。

子ども主体で取り組みを……

　お誕生日会、みんな遊びなど、学級全体で取り組むことを月に1回から2回は行っています。最初は教師が中心に行います。会が終わったら、振り返りを行い、次回に活かす反省を画用紙に書きます。

　2回目は1回目の流れや反省を参考に、話し合いから実行まで子ども主体で行います。この活動は1回目よりうまくいかないことが多いです。そこで振り返りでは、1回目と比べ、何がよくて、何が課題だったかを話し合い、それらを画用紙に書いておきます。

　こうして繰り返し取り組み、改善していくことを体験できるようにしています。**子どもが失敗しても、取り返せる場面を何度も設定することで、その場面だけでなく、さまざまな場面でトライアル＆エラーをできるようになっていきます。**

失敗しても再チャレンジできる場面設定を

ひとくちメモ

子どもがトライアル＆エラーするには教師の姿勢が大切です。教師が率先して挑戦したり、子どもが試行錯誤する場面を多く設定しましょう。

痛みではなく
快楽になるように

無理難題を子どもに挑戦させない

　４月の出会いで教師は自分の思いをたくさん子どもに伝えます。子どもは、教師の期待に応えようと一生懸命頑張ります。しかし、その中で失敗が続くと、子ども達は教師が提案したことにだんだんと取り組まなくなっていきます。

　それは何か新しいことにチャレンジすることを「痛み」に感じるようになるからです。人は痛みと出会うと避けるようになります。そうではなく、スモールステップでうまくいったという体験、楽しいという体験を重ねることが大切です。そうすると人は「快楽」に感じるからです。人は快楽は得ようと取り組みます。

　たとえば、ペアでの対話。最初から長時間、難しい話題で行うのではなく、「犬と猫、どちらが好きか？」「目玉焼きにかけるものは？」「ここまでの授業で大切と思ったことは？」など、さまざまなテーマで短時間、いろいろな相手と話をするようにします。話し合いの様子を見ていて、うまくいっていないようであれば、教師と代表の子どもで手本を見せてから、同じテーマで相手を変えて何度か話をさせることもあります。

　そうして話をすることが楽しいなと感じたり、短時間なら人と話すことに抵抗がなくなったりすることで、成功体験を重ねてから長時間、難しいテーマで話し合いを行わせるようにします。

100点を取らせる時期をつくってもよい

　学習を楽しく感じられるようになるには、「自分もやればできるかもしれない」と子どもが感じられるようにすることです。そこで、4月のペーパーテストは評価に入れないことを決めて、高得点が取れるように取り組みます。

①テストの答えになる部分のフラッシュカードを作成し、毎時間行う
②テストの前日はテストを配布し、テスト勉強を行う時間を設定する

　この2つに取り組むだけで、ほとんどの子が100点を取るようになります。そして、全員がこれまでのテストよりよい点を取ります。そうして、やればできると感じたら、学習を「快楽」だと感じる子も増えますね。

楽しい経験や成功体験を積み重ねていこう

ひとくちメモ

4月、子どもに挑戦させる時には子どもが課題をクリアできるような手立てや課題設定を考えよう。

学力ではなく
学習権の保障を

どの子も学べる教室環境をつくる

　AI の発達、人口の減少と超高齢化社会、さらなるグローバル化など、これからの日本がどのようになっていくのかは誰にも予想がつきません。その中で、価値観はますます多様化していきます。そんな未来にどんな学力が必要になるのかは僕にはわかりません。だから、学力の保障はできないなと考えています。

　僕にできることは、学力の保障ではなく、学習権の保障です。**個々の子どもに将来必要な学力はつけられないかもしれませんが、一人ひとりの子が安心して教室で学べる環境はつくれます。**

　そのためには、子ども達同士がお互いの特性を知る機会をつくったり、一人ひとりの学習スタイルに合わせた学習を選択できるようにしたりしていくことも必要です。

　2017 年度の僕の教室（児童 39 人在籍）には教師用の机がありませんでした。それは、教室になかなかは入れなかった子がいたため、畳一畳と子ども用のテントを設置したからです。入れなかった子は、15 分だけ、机で授業を受け、残り時間はテントで授業を受けていました。

　2 学期中旬には、テントに入ることもなく、どの時間も自分の机で授業を受けるようになりました。それだけでなく、授業でも積極的に発言するようになりました。

本当に安心を感じていたのは……

テントを設置したのは、ある子のためだったのですが、テントを設置したことで、その子だけでなく、教室の多くの子も安心したように感じていたようです。実際に、そのようなことを日記に書いている子もいました。

それは、「先生は、たった一人のために自分の机を片付けて、教室に畳やテントを準備するんだ。」という教師の覚悟を見たからではないでしょうか。

こうした行動が、「もし、僕が困っていても先生は助けてくれるはずだ。」という安心感につながっているんだと感じています。一人の子の学習権を保障する教師の姿勢は、他の子にもプラスになることは間違いありません。

心地よく安心できる教室環境をつくろう

ひとくちメモ

どうすれば一人ひとりが教室で心地よく過ごせるのかを考えてみましょう。それを実行するだけで教室の空気は大きく変わります。

11 子どものスペックを 壊さず、開花できるように

子どもの本来ある力を大切にする

　以前、自然農法というものを学んでいる時に、農業で撒かれる農薬や肥料が植物が本来持っている力をダメにしているということを学びました。

　人は均質のものを大量にとるために肥料を使います。肥料を使うとそこにその作物を食べる害虫が寄ります。それらを駆除するために農薬を撒きます。肥料と農薬を使うと土が痩せ、より多くの肥料が必要となります。そして、より強い農薬を撒く必要ができます。このように繰り返す中で、植物は本来持っている力を失うそうです。その力とは、植物を食べにきた虫の天敵を呼ぶ力です。

　さて、これは植物だけなのでしょうか。学校教育を見ると学力向上や○○スタンダードなどと、どの子も同じ価値観の中で均質のものを大量に生産する教育が行われているように感じます。

　そうした中で、子ども達が本来持っている力をダメにしていっているように感じているのは僕だけでしょうか。

　僕達の子どもの頃や、僕が教師になった頃の子ども達と比べると、いまの子ども達は、ゆっくりおっとりしている子が多いように感じています。しかし、自分が大事だと感じたり、興味を示した時には没頭したり、スピードが上がったりします。

　どのような時代に育ってきたかという環境や子ども自身が持ってい

るスペックによって、子ども達の反応は変わります。しかし、学校教育というのはあまり形も手法も変えず行われているように感じています。

その方法は正しいのか？

　僕達が子ども達にさせる体育座り。実はこの座り方は、子どもの姿勢や呼吸を悪くするということを知っていますか。僕達は、体育座りというものを疑うことなく、それをいかにさせるのかばかりに目がいっています。

　学校現場にはそのようなことがたくさんあります。いま一度、なぜ、それをするのか、なぜそれが必要なのかを教師自身が考えなくてはいけません。そうしないと知らぬ間に子どものスペックを壊しているかもしれません。

あらためて学校文化の意味を考え直してみよう

ひとくちメモ

学校文化の中には、何のためにさせるのか教師自身が意味もわからぬままにしていることがたくさんあります。
いま一度、考えてみよう。

キム流 他者の実践の取り入れ方

上手くいくと思って実践しない

　本を読んだり、研究発表会や講座に参加したりして、僕達は多くの手法を学びます。その手法とは、

「やる気のある僕が、休みの日に、お金を使って、有名なあの先生から学んだ方法」

です。この実践を教室で行って上手くいくと思っています。しかし、ある先生とその目の前の子ども達との関係の中で上手くいった実践であっても、あなたの教室では、ほとんど上手くいくわけではないのです。

　上手くいかないのは不幸ではありません。不幸なのは、「上手くいかないのは、子ども達にやる気や力がないからだ。」と考えてしまうことです。

　他の人の考えた実践はそのままで上手くいくわけがなく、ずれが生じるものです。そのずれを修正しながら、実践を改善させていく中で自分と目の前の子ども達に合った方法ができ上がっていきます。

　教科書の指導書を頼りに授業をすることも同じです。他の人が考えたことは、上手くいかなくて普通なのです。大切なことは自分の目の前の子どもに合うようにカスタマイズすることです。そのためには、

自分のクラスの子のニーズや課題をしっかりと観察しておく必要があります。

まずはやってみる

　僕自身は「上手くいくかな？」とあまり悩んだりはしません。自分が直感でよいなと感じたことは教室でやってみます。そうして、想像していたのと違う部分は何が原因かを考え、また行います。やらずに考えるだけでは、結局、やらずじまいで終わってしまします。

　方法に正解はありません。このことは子どもにも、保護者にも話すことですが、「あなたが伸びる方法を知っていたら、迷いなくやります。それがわからないから、先生は考えながらやっています。だから失敗もするし、あなたを嫌な気にさせるかもしれません。けれども、あなたに伸びてほしい、あなたが大好きという気持ちに嘘はありません。」と伝えています。

「あなたが大好きだ」という気持ちで試行錯誤しよう！

ひとくちメモ

何事もやってみることが大切です。やってみた上でクラスの実態に合わせてチューニングしていくことで、自分のものになっていきます。

あとがき

　2016年の5月、我が家に娘が生まれました。この本を執筆している現在、彼女は1歳7カ月になりました。この1年と7カ月で彼女を何度も抱きました。笑っている時もあったし、泣いている時もありました。寝顔が愛おしく、見つめたまま長い時間を過ごしたこともたくさんあります。あとがきを書いているいまは、横で楽しそうにおままごとをしています。

　教室にいる子ども達も一人ひとり、幼い時にこうして何度も抱きしめられて育ってきたんだなあと思うと、一人ひとりをこれまで以上に大切にしようと感じるようになりました。

　一人ひとりの子どもにとって、僕が担任をするこの1年は一生に1回だけです。そう考えると大さな責任を感じますし、子どもから学ばせてもらうんだという言葉は子どもに、そして、その保護者に失礼なことかもしれません。

　ただ、そうは言っても教師も人間で、うまくいくことばかりではありません。だから、僕がその子を深く傷つけてしまうこともあります。あってはならないけれども、起こってしまいます。

　だからこそ、その子との間にあったことは教師としての自分の進化に活かしたいと思っています。うまくいかない1年があったら、そのことはその後の子ども達に僕が成長していくことで返していきたいと思います。時間を取り戻すことはできないから、成長していくことで返す、そうありたいです。

　僕は、子どもに、毎年、話すことがあります。それはこんな話です。「もしあなたが伸びる方法を知っていたら、間違いなくその方法を選びます。あなたが成長する声かけがわかっているなら、その声かけを間違いなくします。しかし、絶対に伸びる方法、成長する声かけはあ

りません。だから、あなたを不快な気持ちにさせてしまうこともあるかもしれません。でも、一つだけ本当のことがあります。それは、あなたを大切に思っているということです。大好きだということです。」これは保護者にも話します。

　この本に書かれている方法が正解だとか、絶対にうまくいく方法だとは思っていません。16年、教師をしてきて僕の中での最善ではありますが、絶対ではありません。これを書いた年の次の年には違う実践をしていると思います。また、そうありたいと思います。

　ここ数年で僕の中での一番の学び、成長は自分に限界があるということを自覚できたことです。得手、不得手があり、自分にはできないことがあると自覚できたから、人に頼れるようになりました。頼ることで感謝の気持ちを持て、これまで以上に時間にゆとりができました。その時間で、自分にできることを以前より一生懸命取り組むようになりました。自分に限界をあることを認めると人にも優しくなりました。こうして少しずつ少しずつ、自分も変化し、成長していく、そういう状態で教師として子ども達の前に立ち続けたいと思います。

　この本を書くにあたり、学陽書房の山本聡子さんには、遅筆の僕のために何度もスケジュールを組み直していただいたり、年末・年始のお忙しい時期に助言をいただいたりしました。そのおかげでこうして書き終えることができました。深謝申し上げます。

　最後までお読みいただきありがとうございました。読者のみなさんと子ども達の素晴らしい1年を祈念しております。

2018年1月

金　大　竜

●著者紹介

金大竜 (キム テリョン)

1980 年生まれ。日本一ハッピーな学校をつくることを夢見る大阪市小学校教員。周囲からは "ハッピー先生" と呼ばれている。

教育サークル「教育会」代表。各地のセミナーで講師を務める。また、「あいさつ自動販売機」など、学級づくりにかかわる取り組みが、様々なメディアに取り上げられている。

ブログ「日本一ハッピーな学校をつくろう」において、日々のクラスでのできごとや取り組みを発信中。

著書に『子どもが教えてくれたクラスがうまくいく魔法の習慣』『新任 3 年目までに身につけたいクラスを動かす指導の技術！』（学陽書房）、『日本一ハッピーなクラスのつくり方』『ハッピー先生のとっておき授業レシピ』（以上、明治図書出版）などがある。

ワクワクを生み出す！
あたらしい教室のはじめかた

2018 年 2 月 23 日　初版発行
2018 年 4 月 18 日　2 刷発行

著　者	金　大竜 （キム テリョン）
発行者	佐久間重嘉
発行所	学 陽 書 房
	〒 102-0072　東京都千代田区飯田橋 1-9-3
営業部	TEL 03-3261-1111 ／ FAX 03-5211-3300
編集部	TEL 03-3261-1112
	振替口座　00170-4-84240
	http://www.gakuyo.co.jp/

ブックデザイン／スタジオダンク
本文 DTP 制作／越海辰夫　イラスト／おしろゆうこ
印刷／加藤文明社　製本／東京美術紙工